Jóvenes

Inserciones y exclusiones
a la escolarización y al trabajo
remunerado

SERIE
Las ciencias
sociales
TERCERA DÉCADA

Jóvenes

Inserciones y exclusiones a la escolarización y al trabajo remunerado

Silvia Vázquez González
Sagrario Garay Villegas

Coordinadoras

 promeP

 UNIVERSIDAD AUTÓNOMA DE TAMAULIPAS

 UANL UNIVERSIDAD AUTÓNOMA DE NUEVO LEÓN

 Miguel Ángel Porrúa

MÉXICO   2011

Primera edición, diciembre del año 2011

© 2011
    UNIVERSIDAD AUTÓNOMA DE TAMAULIPAS

© 2011
    Por características tipográficas y de diseño editorial
    MIGUEL ÁNGEL PORRÚA, librero-editor

Impreso en los talleres de LITO-GRAPO, S.A. de C.V

    Derechos reservados conforme a la ley
    ISBN 978-607-401-521-8

IMPRESO EN MÉXICO PRINTED IN MEXICO

www.maporrua.com.mx
Amargura 4, San Ángel, Álvaro Obregón, 01000 México, D.F.

Presentación

De manera simultánea al desarrollo del conocimiento y la tecnología, la sociedad no ha podido resolver su problemática principal: el desarrollo humano sustentable para todos, independientemente del género, de la edad, del lugar donde se viva. Se pretende cerrar brechas, pero surgen nuevos ejes de desigualdad y emergentes sociales que si bien no son problemas nuevos, obedecen a nuevas determinaciones y sus efectos amenazan los derechos fundamentales de las personas. Uno de los principales problemas de la sociedad actual es el del acceso y permanencia de los jóvenes al trabajo en condiciones de seguridad y dignidad.

La problemática del empleo juvenil se manifiesta en todo el mundo, desarrollado y no, pero sus efectos son mayores en aquellos países con tasas más altas de abandono educativo y rezagos socioeconómicos. En México, de acuerdo con datos de Censo de 2010, el promedio de escolaridad de su población es de 8.6 años, lo cual equivale a estudios de secundaria, mismos que forman parte de la educación básica; sin embargo, el acceso a los servicios educativos y su calidad, así como los de formación y capacitación para el empleo, están asociados a variables socioeconómicas, de diseño y gestión de las políticas públicas, mediadas por condiciones diversas que definen procesos sociales de integración/exclusión, entre ellas las urbanización —ruralidad; existe inequidad asociada al territorio donde se habita, ya que la ubicación de algunas localidades condiciona el acceso o la exclusión, la provisión y calidad de los servicios que los organismos internacionales, las garantías constitucionales y las políticas sociales del país han establecido como básicas para el desarrollo humano Si bien es cierto que en la actualidad se discute si la educación sigue siendo un mecanismo de movilidad social ascendente, es importante indicar que ésta todavía funciona como un elemento para acceder a un empleo y a determinadas ocupaciones.

De acuerdo con estimaciones de la Organización Internacional del Trabajo (OIT), casi el 40 por ciento de los desempleados son jóvenes que tienen entre 15 y 24 años de edad. Cada vez hay más jóvenes pobres o subempleados y otros más que sí trabajan, pero que están atrapados en empleos temporales, a tiempo parcial involuntario o de tipo eventual, con pocas posibilidades de promoción, lo que los convierte en población vulnerable. Por esto, el reto no es sólo crear puestos de trabajo, sino mejorar la calidad del empleo.

Aunque la problemática del empleo juvenil es grave en muchos países, sobre todo en aquéllos con mayor pobreza, en la actualidad, los jóvenes de países desarrollados están pagando la factura de la crisis económica con elevadas tasas de desempleo, moratoria involuntaria de acceso al primer empleo, problemas de correspondencia formación-empleo, entre otros. Sin duda, en todo el mundo millones de jóvenes enfrentan desventajas.

Educación y trabajo constituyen los principales mecanismos de integración social de los jóvenes, por lo tanto, la interrelación de ambos procesos a lo largo de la vida, su pertinencia y su calidad contribuyen a una participación más activa, a una ciudadanía plena y responsable, a disminuir los riesgos y cerrar las brechas que provocan conflicto entre las generaciones, los géneros, los estratos socioeconómicos, los gobiernos y la sociedad civil, la familia y la escuela, empleadores y trabajadores.

El eje central de este libro es el trabajo de los jóvenes, lo que conduce al análisis de la diversidad: de jóvenes, de contextos, de educaciones, de trabajos, de agentes sociales, de interacciones, de necesidades, de combinaciones de la relación de trabajo y estudio, de intervenciones, de problemas y retos, en una relación ineludible entre la escolarización y el empleo. Las colaboraciones de cada capítulo nos permiten identificar constantes en la problemática del empleo juvenil, pero también especificidades regionales y particularidades en la manera de investigarla por parte de los académicos de México y España.

Entre la diversidad de situaciones estudiadas surge una constante: la vulnerabilidad de los jóvenes generada por causas biológicas, psicológicas y/o sociales; individuales, familiares, del contexto social inmediato, nacionales y/o mundiales; porque no trabajan o porque sí trabajan pero en condiciones precarias, porque trabajan y estudian o porque no trabajan y no estudian, porque han permanecido donde su familia de origen con escasa oferta de empleo o porque han emigrado.

Los métodos utilizados por los investigadores van desde el análisis cuantitativo de bases de datos gubernamentales de México, así como los censos de población realizados por el Instituto Nacional de Estadística y Geografía (INEGI) y la Encuesta Nacional de Ocupación y Empleo (ENOE), de Estados Unidos como la *Current Population Survey,* o de España del Instituto Nacional de Estadística (INE), además de información generada por la Organización de las Naciones Unidas (ONU), la Organización Internacional del Trabajo (OIT), la Organización para la Cooperación y el Desarrollo Económico (OCDE) y otros más. Los análisis realizados por los autores además han sido producto del trabajo de integración de bases de datos propias generadas con cuestionarios o métodos cualitativos, como las entrevistas a profundidad y grupos de discusión.

En el trabajo de Silvia Vázquez González se presenta una revisión de algunos aspectos vinculados al empleo juvenil, a sus multideterminaciones y desigualdades, así como a las principales necesidades y problemas a los que se enfrentan los jóvenes en los procesos de inserción-empleo-desempleo-reinserción; se exponen algunos de los principales problemas y retos como la vulnerabilidad y exclusión, la educación para la ciudadanía laboral, la empleabilidad, el conocimiento de la demanda de trabajo y la autopromoción, la falta de correspondencia entre las demandas del mercado de trabajo y el perfil del solicitante, la falta de experiencia, el periodo de prueba, el trabajo a tiempo parcial, el trabajo de la mujer y las desigualdades de género, la sobrecualificación, el trabajo y el estudio y la política de empleo.

La situación educativa y laboral de los jóvenes de origen mexicano y blancos no hispanos en Estados Unidos es estudiada por Alejandro Francisco Román Macedo, quien analiza la relación de la escolaridad con el tipo de ocupación en la cual se insertan los jóvenes de cada grupo étnico; aporta información sobre la historia de la migración de México a Estados Unidos, algunos rasgos de la población de origen mexicano, para después profundizar en las características educativas y de empleo de los jóvenes de origen mexicano en ese país.

Emma Liliana Navarrete presenta un análisis de las características de los jóvenes que en 2008 incursionaron en la escuela o el trabajo, y en ambas actividades de manera simultánea o bien en ninguna de ellas, asumiendo que la salida de la escuela o del trabajo implica que los jóvenes se desliguen de espacios formadores y entren al terreno de la exclusión. A partir de los cuatro subgrupos de interés, se analizan sus características individuales y familiares, primero para cada grupo de edad (15 a 19 y 20 a 24 años) y posteriormente se comparan las diferencias entre ambos grupos etarios.

El trabajo de María del Castillo Gallardo Fernández y Concepción Nieto Morales analiza las causas y consecuencias del fracaso escolar y la exclusión prelaboral —laboral en una zona con gran vulnerabilidad y exclusión desde la perspectiva de los jóvenes que se han insertado al ámbito laboral, como de aquellos en situación de vulnerabilidad y de los profesionales de distintas instituciones educativas, de ocio, formativas, judiciales, servicios sociales y de salud, de los cuales se exponen además sus percepciones en relación con la inserción sociolaboral, los recursos educativos y las políticas activas de empleo.

Uno de los principales mecanismos de prevención de la vulnerabilidad laboral de los jóvenes son las buenas prácticas que se llevan a cabo en instituciones educativas ubicadas en contextos de exclusión social y educativa, las cuales desde una metodología cualitativa son caracterizadas por Magdalena Jiménez Ramírez, quien señala que las *buenas prácticas* consisten en acciones o gestiones llevadas a cabo por los agentes y actores que participan en el centro escolar, que persiguen el acceso de todo el alumnado a los objetivos básicos sin ningún tipo de exclusión, y que se manifiestan en tres ámbitos: en el núcleo pedagógico; en la estructura y organización del centro escolar y el profesorado; y en las redes sociales y comunitarias que se establecen con el entorno.

En la colaboración de Artemisa López León se analizan los jóvenes, el estudio y el trabajo, se identifican algunos elementos del perfil de los estudiantes universitarios que trabajan, la caracterización de sus empleos, sus fuentes de ingreso y gastos escolares, su historial laboral, las condiciones de trabajo y la distribución de su tiempo para cumplir con ambas responsabilidades.

En el contenido de las diversas argumentaciones presentadas en las investigaciones de este libro encontramos que la temática del empleo en los jóvenes lleva a reflexionar acerca de la gran necesidad, ante su ausencia, de generar políticas sociales en materia de empleo focalizadas a grupos juveniles. Sin duda, esto representa un reto para los hacedores de política, pero también para los investigadores del tema, en el sentido de aportar las pautas para proponer hacia quién, cómo y por qué dirigir estos esfuerzos.

El empleo. Retos y problemas de los jóvenes en condiciones de vulnerabilidad o exclusión

Silvia Vázquez González

INTRODUCCIÓN

En este capítulo se presenta una revisión de algunos aspectos vinculados al empleo juvenil, a la vulnerabilidad y la exclusión laboral, a sus multideterminaciones y desigualdades, así como a las principales necesidades y problemas a los que se enfrentan los jóvenes en los procesos de inserción-empleo-desempleo-reinserción, lo que ha sido producto del proyecto "Inserción Laboral, Desempleo y Protección Social de los Jóvenes en Condiciones de Exclusión en el Centro de Tamaulipas",[1] con el cual se consultaron bases de datos gubernamentales y se aplicaron 222 cuestionarios y 20 entrevistas a profundidad a jóvenes de 20 a 29 años que cumplieran los siguientes criterios de inclusión al estudio: que hayan experimentado la inserción al empleo, un desempeño laboral mayor de un año en los últimos tres, desempleo involuntario mayor a tres meses y que han identificado que algunos aspectos de su perfil personal han impedido que obtengan el empleo que querían, los que se han autopercibido vulnerables. En este trabajo se exponen sólo algunos elementos y los principales problemas identificados.

Variados problemas en el acceso, permanencia, calidad y seguridad en el empleo de los jóvenes nos indican que la estruc-

[1] Vázquez González, Silvia. Proyecto PROMEP UAT-EXB-278.

tura socioeconómica obstaculiza el logro de la meta de trabajo decente[2] para todos, y que las estrategias para que los jóvenes puedan optar por un trabajo digno no han sido eficaces.

Una observación superficial de la realidad pareciera indicarnos que lo anterior no es verdad: "los jóvenes están por todas partes", en la creación de un producto, en la innovación de un proceso, en la gerencia de alguna empresa, en el que opera una línea de producción, en el que vende, transporta, presta un servicio; algunos hasta pueden no estudiar ni trabajar, darse un tiempo para viajar o ampliar el periodo de formación al amparo de los recursos de su familia; pero los jóvenes tienen tasas de desempleo más altas que los adultos y la crisis en ellos ha impactado con mayor intensidad (OIT, 2010), lo que tiene implicaciones diversas en los distintos contextos y estratos socioeconómicos, por lo que es necesario profundizar en la dinámica del empleo juvenil en las regiones locales, en especial en el acceso de aquellos jóvenes con obstáculos a la integración, desempleados o con trayectorias laborales inestables, con empleos de corta duración reiteradamente expulsados del mercado laboral; en el perfil de aquellos que luchan contra fuerzas que los excluyen, o que los dejan dentro pero fuera, dentro porque desempeñan alguna actividad por la cual reciben alguna remuneración, pero fuera porque al participar en la economía informal no ejercen sus derechos de protección social de acuerdo con las normas establecidas por la OIT y la legislación del país.

La exclusión de los jóvenes al mundo del trabajo los convierte en sujetos marginales, cuya dinámica vital multidimensional de integración/exclusión los mantiene a la vez como factor de continuidad o de discontinuidad, como reserva base de la modernización y como elemento social marginal y hasta peligroso (Touraine, 1997).

---

[2] Con estándares aceptables de acuerdo con las normas de la Organización Internacional del Trabajo (OIT).

El análisis del empleo juvenil plantea diferentes aspectos relacionados con el ciclo vital, los cambios en la estructura y dinámica de la población, la economía internacional, el capital material y humano del país, la globalización, la ciudadanía social y los derechos humanos, la orientación y conducción de las políticas públicas, la política económica y social, la escolarización básica, media y superior, el desarrollo vocacional, la capacitación no escolarizada para el trabajo, el desarrollo humano; además, el acceso al empleo está relacionado con la estructura productiva regional, el capital social personal y familiar, las redes sociales, la adscripción a una clase o a un grupo social, la integración y exclusión social y muchos más.

Como objeto de investigación, el empleo de los jóvenes es de interés para diversas ciencias como la psicología, la sociología, la antropología, la economía, la demografía, el derecho, la política, la historia y la geografía; genera fenómenos para investigaciones interdisciplinarias y multidisciplinarias como la aplicación de la psicología individual, social, del trabajo y de las organizaciones.

La juventud debería ocupar un lugar central en la agenda de investigación, sin duda no sólo las empresas, los gobiernos, las familias y otras instituciones sociales no han hecho lo que gran parte de este colectivo demanda. La investigación no ha dado respuesta oportuna para contribuir con un conocimiento científico que sustente intervenciones que contribuyan a prevenir el protagonismo de muchos de los jóvenes en los principales problemas contemporáneos y promuevan igualdad y equidad en las acciones para su desarrollo humano y social sustentable.

JUVENTUD Y EMPLEO

La juventud se inicia a los 17 años, cuando se han completado las transformaciones psicofisiológicas de la pubertad y de la adolescencia y concluye cuando el joven es reconocido como adulto, a través de la emancipación, lo cual varía de una sociedad a otra (17-30 años), pero dicho tránsito a la adultez requiere independencia económica, autoadministración de los recursos, autonomía personal y constitución del hogar propio. La independencia económica se obtiene a través de trabajo remunerado, en un ciclo que inicia con la inserción al empleo y que se espera que suceda en la fase intermedia de la juventud, etapa en la cual además se adquiere una responsabilidad jurídica y se finaliza el periodo de enseñanza formal (González & Fernández, 2000).

Existe una definición social de cada ciclo de la vida humana, identificándose con cada generación una tendencia a posponer la emancipación, lo que se manifiesta en mayor medida en las sociedades urbanas, estas transiciones también son condicionadas por la ubicación del joven en una sociedad estratificada y desigual que determina la edad y la motivación del acceso al mundo del trabajo; dentro de los grupos más pudientes, "los jóvenes dedican tiempo a viajar y explorar sus inclinaciones sexuales, políticas y religiosas y aplazan el asumir las responsabilidades de la edad adulta extendiendo el periodo de formación" (Giddens, 2006, p. 192); por el contrario, en los estratos socioeconómicos más desfavorecidos el periodo de formación se acorta y un mayor número de causales de exclusión empujan hacia afuera del mercado laboral a aquellos que quieren trabajar.

Debido a esta diferenciación social de la juventud no se puede aplicar un criterio de edad universal que sea válido para los jóvenes de todos los sectores en todas las épocas, ya que no tiene la misma duración en el campo y en la ciudad, en las clases altas y en los sectores marginados, en las sociedades modernas que en las tradicionales e incluso en los géneros. Por lo anterior, consideramos que la juventud es un producto social delimitado por los procesos biológico y social, que transforman a un ser humano maduro fisiológicamente, en un agente social competente. En dichos procesos de maduración "consignado a la autoridad de un adulto", asimila las normas y valores de la sociedad y se prepara para constituirse como una persona productiva, principalmente a través de la escolarización y el trabajo, que no sólo son ejes principales en la vida de los jóvenes, sino mecanismos de integración/exclusión social (Brito, 1998, p. 4).

Exclusión social y exclusión laboral

La exclusión es un fenómeno estructural, relacional, dinámico, multifactorial, multidimensional y politizable en el que un cúmulo de circunstancias desfavorables e interrelacionadas en los ámbitos económico, laboral, formativo, socio sanitario, de la vivienda, relacional, político y espacial, que rompe los parámetros básicos de la integración social (Subirats, Gomá & Brugue, 2005). Es un proceso social que separa a individuos y colectivos de una serie de derechos sociales como el trabajo, la educación, la salud, la cultura, la economía y la política, a los que otros colectivos sí tienen acceso y posibilidad de disfrute y que terminan por anular el concepto de ciudadanía (Jiménez, 2008). Es un fenómeno histórico estructural, la manifestación más extrema del proceso acumulativo vigente mediada por las desigualdades sociales en el que existe la negación de acceso igual a oportunidades impuesto por ciertos grupos de la sociedad a otros (Pérez & Mora, 2006). No es una conducta desviada, ni necesariamente una situación de pobreza, es un proceso vital que lleva a determinadas personas o colectivos a verse excluidos de la participación social (Cabrera, 2008). Un elemento común de las exclusiones es que todas ellas afectan las relaciones sociales, el modo de ser y de estar en la realidad social, ya que las personas tienen fragilizados los nexos relacionales (García & Mondanza, 2002).

Al considerar el componente relacional y de participación, la exclusión no es sinónimo de pobreza ni de discriminación, ya que existen personas de estratos socioeconómicos altos que son excluidas de ciertos ámbitos; al respecto, Canet (2001, pp. 23-24) afirma que "la discriminación empieza cuando se considera al otro diferente y no diverso, (…) cuando la diferencia no marca niveles de cualidad, sino que se valora a los otros como inferiores (…) y la discriminación conduce a la exclusión", por lo que la exclusión se constituye como una fuerza que saca a quien quiere entrar a un ámbito, a quien quiere participar de ciertos procesos sociales.

Estas fuerzas integradoras o expulsoras ubican a la persona en una posición cuya configuración ha sido analizada en distintos marcos analíticos, desde la perspectiva social integral (Castel, 1993; Jiménez, 2008; Rubio, 2002; Saraví, 2006; Subirats, Gomá & Brugue, 2005 y Tezanos, 2009), o en aspectos concretos como la educación (Gutiérrez, 2007; Jiménez, Luengo & Taberner, 2009), el empleo (Aparicio, 2008; Gray, Kurihara, Homen & Feldman, 2007; Holder, 2001; Moise, 2000; Pérez & Mora, 2004 y 2006) o algunos tipos específicos de exclusión del empleo como: el encarcelamiento (Apel & Sweeten, 2010; Cisneros, 2007); la exclusión de la mujer (Carrasco, 1998); jóvenes tutelados (Casas & Boada, 2009); así como jóvenes con discapacidad (Pérez, 2008) por mencionar algunos.

Las personas tienen distintas formas de disponer o no de los recursos que brinda la sociedad, que configuran "zonas sociales" de integración, de vulnerabilidad y de exclusión. La zona de integración se caracteriza por un trabajo estable, con prestaciones sociales y una inscripción relacional sólida. La inestabilidad en el empleo ubica a la persona en una zona de vulnerabilidad, donde el acceso a los recursos sociales es frágil, con empleos precarios o intermitentes y paro. La zona de marginalidad o de exclusión se caracteriza a la vez por la ausencia de trabajo y por el aislamiento social. La zona de vulnerabilidad alimenta la zona de exclusión, de la precariedad a la marginación (Castel, 1993).

La atención a la inserción laboral juvenil es una necesidad social prioritaria, ya que como señala Castel (1993), si se es pobre y válido, la integración social se realiza por medio del trabajo; diferenciando esta integración activa a través del traba-jo, de la integración pasiva que se promueve con acciones de asistencia; en consecuencia, los jóvenes en condiciones de po-breza son vulnerables, ya que por su edad se considera que "pueden trabajar" y son descartados como sujetos de asistencia, por lo que la única vía de integración social es el trabajo, y para obtenerlo hay que buscarlo, competir por él y conservarlo.

La pobreza, además, modifica el significado del trabajo, la inserción al empleo en los grupos con mayores desventajas so-cioeconómicas se realiza por presiones ocasionadas por el défi-cit en la satisfacción de las necesidades básicas, a diferencia de los grupos con mayor renta familiar que asignan como valores principales del trabajo la autorrealización, la influencia social o la satisfacción personal. Al respecto, Martínez (2005) señala que la ideología dominante justifica la reclusión del joven hasta culminar un proceso formativo entre las clases medias y altas en contraste con la emergencia de la entrada al mercado laboral como un rito de paso a la madurez de las clases bajas, cuyos padres no tienen los recursos para una formación prolongada y a edades tempranas deben insertarse al mercado laboral. Pero si los derechos son iguales para todos los jóvenes ¿por qué las personas con mayores desventajas socioeconómicas tienen me-nores oportunidades de acceder a los empleos de mayor cualifi-cación y remuneración?

Macionis y Plummer (1999) señalan dos perspectivas que explican la causa de la pobreza y la exclusión: "Los po-bres y excluidos son los responsables principales de su situa-ción" y su opuesta "la sociedad es la principal responsable". En la primera perspectiva se considera que toda sociedad ofrece oportunidades y la posición depende del talento y del esfuerzo individual; son los pobres los que no pueden o no quieren trabajar, están menos calificados, peor educados, tienen una visión de vida en el corto plazo, centrada en necesidades esenciales, con una concepción lejana a la ambición personal por el éxito y existe además una cultura de la pobreza que se transmite intergeneracionalmente y que fomenta la resignación. Desde esta perspectiva, por lo tanto, aquél que es expulsado reiteradamente del mundo del empleo está siendo sancionado porque no hizo antes lo adecuado para poseer el perfil que solicitan los empleadores y competir por los puestos de trabajo. Desde el punto de vista de la causa social, se atribuye a las estructuras sociales la distribución desigual de los recursos.

La vulnerabilidad y la exclusión son injustas y son expresión de una cadena de déficits en las oportunidades, aunque se pretenda explicar que cada uno tiene lo que se merece o que la causa es atribuible a los términos del intercambio, las demandas del mercado, las presiones de la competencia, la eficiencia o la productividad, ya que son un disfraz de la explotación, dominación, opresión o miseria (Rivas, 2006).

ESTRUCTURA DE POBLACIÓN, CRISIS Y EXCLUSIÓN JUVENIL DEL TRABAJO

Las condiciones en la estructura y los movimientos de población impactan el mercado de trabajo; la tasa de natalidad y el tamaño de la familia se han reducido, la esperanza de vida ha aumentado, se plantea la existencia de una tercera y cuarta edad y se pospone la edad de jubilación. Por cambios en la legislación o por decisión personal se incrementa el número de trabajadores de mayor edad cuyas condiciones les permiten trabajar y son retenidos por los empleadores, ejerciendo una presión expulsora hacia los jóvenes que pretenden insertarse en los empleos permanentes y seguros que ocupan las personas de mayor edad.

El mundo del empleo ha cambiado, y aunque los jóvenes en la actualidad tienen más derechos y un nivel educativo mayor que en ninguna época previa, la tasa de desempleo juvenil es mayor que la de los adultos, lo cual limita el ejercicio de la ciudadanía, así, aunque el conjunto de derechos subjetivos corresponden de igual manera a todos, independientemente de su posición en el mercado, el estado social tradicional emerge de la sociedad del trabajo, no sólo porque es financiado por los trabajadores activos, sino porque la educación es preparar para el trabajo, la salud promueve la capacidad de trabajo, las pensiones son un mérito por el trabajo; por lo tanto, el *welfare* es la versión humanista y benéfica del *workfare* (Herrera & Castón, 2003).

Esta centralidad del trabajo multiplica las repercusiones que en la población joven han tenido las crisis contemporáneas; la generación que el Fondo Monetario Internacional (Strauss-Khan, 2010) auguró como "perdida" está pagando una de las peores partes de la crisis, el de la precariedad, el desempleo y la emigración forzada; parecería que aunque las crisis son cíclicas, no se ha avanzado en medidas eficientes que mejoren la empleabilidad de los jóvenes en estas etapas, mientras que se recupera la dinámica empresarial y la contratabilidad. Ubide (2011) señala que los jóvenes pagan la crisis sin contratos, con contratos temporales, salarios muy bajos y con mínimas prestaciones, además constituyen una reserva cuyo coste de despido es bajo si la situación del mercado empeora.

La Organización de las Naciones Unidas reconoce la especial vulnerabilidad de los jóvenes en la crisis económica y financiera actual (Resolución A, 64, 432 del 3 de febrero de

2010) y para la Organización Internacional del Trabajo (OIT) el desempleo juvenil no sólo es un problema económico, sino un problema de seguridad (Somavia, 2006). Para Krugman (2011), los organismos intergubernamentales y gubernamentales no han asumido con responsabilidad la atención de una de las más graves consecuencias de la crisis económicas que es el desempleo, ya que prescriben recetas ortodoxas en el largo plazo para una situación actual poco ortodoxa y que poco impacto tienen en la situación presente; que el núcleo del problema económico es la deuda, la que actúa como un lastre del cual no puede librarse la economía, impidiendo la recuperación del empleo.

González (2011) señala que ante la crisis los jóvenes sufren de la resaca de una fiesta a la que no asistieron [...] y que son los que más van a tener que "abrocharse el cinturón" en una especie de solidaridad intergeneracional forzada.

PRINCIPALES NECESIDADES Y PROBLEMAS DEL EMPLEO DE LOS JÓVENES

Por las limitaciones de un trabajo de este tipo y sus requerimientos de síntesis no se pretende realizar un análisis exhaustivo de todas las necesidades y problemas identificados, sino una breve exposición de algunos de los más relevantes como la vulnerabilidad y exclusión, la educación para la ciudadanía laboral, la empleabilidad, el conocimiento de la demanda de trabajo y la autopromoción, la falta de correspondencia entre las demandas del mercado de trabajo y el perfil del solicitante, la falta de experiencia, el periodo de prueba, el trabajo a tiempo parcial, el trabajo de la mujer y las desigualdades de género, la sobrecualificación y el trabajo y el estudio, así como la política de empleo.

Vulnerabilidad y exclusión del mercado laboral

Los jóvenes que aspiran a obtener un empleo y/o han participado en procesos de selección/despido y que han vivido el empleo y el desempleo, han identificado diversas causas de exclusión entre las que se encuentran: socioeconómicas; por perfil asociado al origen rural marginal; por la edad; por falta de estudios; por ser estudiante; por razones de género, principalmente por ser mujer; por ser migrante; por pertenecer a un grupo étnico indígena; por haber sido encarcelado.

Otras características son aquellas que contribuyen a un perfil de presencia personal o de salud, como el color de la piel, sus rasgos físicos, su manera de vestir y portar accesorios, por ser obeso, por estar embarazada; por ser discapacitado, por tener una enfermedad, sobre todo aquellas que limitan el desempeño y pueden provocar ausentismo, incapacidades o accidentes.

Otros elementos diferenciales son por preferencia sexual; por ideas políticas contrarias a las de los empleadores; por profesar una religión; por códigos culturales contrarios al perfil esperado por los empleadores; por no dominar el idioma inglés; por no saber conducir vehículos; por falta de experiencia; por supuestos antecedentes de drogadicción o delincuencia; por tener tatuajes; por poseer un nivel de preparación muy superior al que se demanda; por carecer de vínculos sociales y/o familiares relacionados con las personas encargadas de la selectividad de trabajadores y otros; la incidencia de algunos es mínima, pero es indicativo de la dinámica del mercado de trabajo y de las necesidades de intervención.

En el estudio realizado se encontró que para el 16 por ciento de los jóvenes la apariencia física ha sido un obstáculo para encontrar empleo, mientras que para el 12.7 por ciento lo han sido las limitantes de provenir del medio rural, para el 12.2 por ciento ser mujer, el 11 por ciento el ser pobre, el 7.7 por ciento por tener hijos y el 6.8 por ciento por ser hombre. Otros impedimentos percibidos por los jóvenes han sido 5.4 por ciento por ideas políticas, 3.6 por ciento por ser obesos, 3.6 por ciento por creencias religiosas, 3.2 por ciento por alguna discapacidad, 2.3 por ciento por homosexual y 1.4 por ciento por padecer alguna enfermedad crónica.

EDUCACIÓN PARA LA CIUDADANÍA LABORAL

Detrás de la problemática del empleo de los jóvenes está una ciudadanía limitada, un problema de derechos, valores y de educación para ejercer y hacer valer una ciudadanía plena por parte de todos los agentes sociales; está también el propósito de mantener la situación, ya que lo que los jóvenes han perdido ha significado ganancias para otros en el mercado de trabajo, lo que se comprueba si se escucha la problemática a la que se han enfrentado muchos de ellos y los procedimientos aplicados por algunos empleadores en los procesos de selección, aceptación/rechazo, trabajo/despido.

El nivel de conocimiento de muchos de los jóvenes sobre sus derechos laborales es limitado, y la sociedad adolece de una cultura que promueva y haga valer el respeto a los derechos ciudadanos. Los sistemas de enseñanza formal hasta el nivel medio superior realizan una revisión superficial de las garantías constitucionales y de aspectos básicos como la duración de la jornada de trabajo o el salario mínimo, pero no provee competencias pertinentes para evaluar una situación, decidir y actuar ante las diversos escenarios de la vida laboral; ya que "los amos del Estado, los de la economía tanto como los del mundo ideológico, se oponen vehementemente a la conciencia del sujeto" como lo señala Touraine (2009), y la dinámica social configura un "modelo socializador para la precariedad (...) y cada vez más lejano de una cultura respetuosa de los derechos y la calidad en el empleo, de solidaridad entre la clase trabajadora, de dignificación del trabajo y el empleo" (Sánchez, 2004, p. 91).

EMPLEABILIDAD

La posesión de acreditaciones educativas y técnicas, los talentos individuales, la educación familiar para y en el trabajo, los procesos de socialización, la acción del sistema educativo, la capacitación, las habilidades comunicativas, la educación continua, la experiencia en el desempeño de funciones ocupacionales, entre otros factores configuran un conjunto de aptitudes individuales para el trabajo que ha sido denominado "empleabilidad" y que empujará al joven a cierto tipo de ocupaciones en un mercado de trabajo estratificado; su empleabilidad, las reglas que definen el acceso y su capacidad de negociación conducen al solicitante de empleo a cierto estrato, o quizá a una posición de frontera dentro de los estratos, pero siempre dentro de lo "que sabe y puede hacer", ya que la posición en "el empleo no sólo se reparte bajo el principio de igualdad política de oportunidades, sino bajo el principio de la diferencialidad psicosocial de probabilidades" (Marín, Garrido, Troyano & Bueno, 2002); esta diferenciación individual de la empleabilidad convierte el problema de "colectivo a individual; al ser educable, lo que es un problema del sistema productivo pasa a ser del sistema educativo-formativo; lo que es un conflicto de clase, pasa a ser un conflicto cultural; la víctima pasa a ser culpable" (Sánchez, 2004, p. 90).

En el origen de los problemas de empleabilidad y en sus efectos subyace la inequidad, ya que menores oportunidades educativas generan menor empleabilidad, mayor desempleo o mayores probabilidades de obtener empleos precarios, lo que promueve la frustración, el sentimiento de culpa y resentimiento con su familia y con la sociedad por no haber hecho más por incrementar su capital humano.

CONOCER LA DEMANDA Y PROMOVERSE

En la mayoría de los casos, obtener un empleo es producto del acceso a la información de la oferta laboral y de la utilización de estrategias para dar a conocer su posición como buscador de empleo, aunque para algunos jóvenes el ofrecimiento de trabajo llegó sin tener que hacer nada para ello.

Los medios de acceso a la información relativa a las oportunidades laborales son diversas: por autoconocimiento o por intermediación; provista por las empresas solicitantes o por agencias de colocación tanto privadas, de organismos no gubernamentales o del servicio público de empleo; la información proporcionada por familiares, amigos o conocidos y aquella recibida a través de medios masivos como los carteles, la prensa, la radio, la televisión, internet o los anuncios electrónicos ubicados en algún espacio de los negocios.

El joven utiliza su capacidad de expresión verbal, presenta formatos de solicitud de empleo, redacta su currículum y reúne la documentación comprobatoria; en algunas ocasiones lucha por conseguir acreditaciones o cualquier documento que mejore su perfil de empleabilidad, en otras, oculta su sobrecualificación con el fin de lograr el empleo ante la falta de alternativas apropiadas a su perfil profesional.

En la actualidad, las opciones utilizadas por los jóvenes para ofrecer sus servicios son diversas, desde páginas *web* propias o de plataformas especializadas, correo electrónico, letreros en la mensajería instantánea, distribución de folletos de diferente tipo en puntos de concentración urbana, tarjetas, tiras de datos pegados en los postes, casetas telefónicas, autobuses y hasta baños públicos, carteles en sus bicicletas, motonetas o autos, en una banca pública en la cual permanecen, o hasta colgados de su cuello; sin embargo, los jóvenes con riesgo de exclusión utilizan menos los medios masivos y dependen de mecanismos de comunicación cara a cara, ya que se enteraron de la oferta de su primer empleo por la información proporcionada por amigos (31 por ciento), el periódico (28.1) y la familia (23.5), mientras que internet fue utilizado por el 3.6 por ciento.

FALTA DE CORRESPONDENCIA ENTRE LAS DEMANDAS DEL MERCADO DE TRABAJO Y EL PERFIL DEL SOLICITANTE

Diversidad de perfiles psicosociales, titulaciones, perfiles profesionales, ocupaciones y necesidades sociales contribuyen a una falta de correspondencia entre solicitantes de empleo y mercado ocupacional, lo que afecta los jóvenes tanto de alto como bajo nivel de escolaridad, situación que se incrementa con la velocidad de los cambios y la complejidad de la sociedad. El 73.3 por ciento de los jóvenes mencionan que las funciones desempeñadas en el primer trabajo no correspondían a sus estudios, pero sin duda, el impacto es mayor en jóvenes de baja escolaridad que luchan por trabajar, "haciendo de todo, de lo que se necesite", cuyos ingresos son nulos o escasos y en ocasiones esporádicos, por ello, se puede afirmar que la exclusión laboral está asociada a una escolaridad ausente, incompleta, deficiente y/o de mala calidad.

Por otro lado, detrás de un joven de baja escolaridad solicitante de empleo hay historias diversas asociadas a la cantidad y calidad de las escuelas disponibles, baja escolaridad y nivel de ingreso de los padres, de su estado de salud y habilidades cognitivas, aspiraciones, percepciones y valoración que la familia otorga a la escuela, una política pública que no responde a las necesidades, baja calidad en la representación política, debilidad institucional, escasa participación ciudadana y corrupción, entre otros (Boletín PNUD, 2010).

El cambio e innovación tecnológica en el ejercicio de las profesiones contribuye a la rápida obsolescencia de las competencias, por lo cual un posgrado profesionalizante, especializado en las áreas de mayor desarrollo en la región, estancias en el extranjero, el acceso a herramientas tecnológicas y mecanismos de dominio de paquetes computacionales actualizados, así como la capacidad de comunicación en cuando menos un segundo idioma, constituyen la diferencia en jóvenes con mayor escolaridad, por lo que éstos tratan de obtener competencias que hagan la diferencia y los sitúen en ventaja en los procesos de selección del sector moderno de la economía; y mientras unos buscan el dominio del chino-mandarín, grandes grupos de población no pueden acceder a la red mundial de información y se constituyen como analfabetas cibernéticos. En la medida en que se apliquen acciones en los ámbitos del trabajo y la educación, se contribuirá a la integración social juvenil, tal como lo señalan Contreras (2001), Fuenmayor y Gamboa (2002), Jiménez y Luengo y Taberner (2009).

Falta de experiencia

Una mayor experiencia en el trabajo incrementa las expectativas de productividad y el valor de mercado en términos de capital humano; a un trabajador con experiencia se le ofrece mayores incentivos. ¿Cómo ofrecer experiencia si se es joven? ¿Cómo hacer experiencia si existen obstáculos para acceder al primer empleo? El 74 por ciento de los jóvenes señalan la falta de experiencia como la causa de rechazo al pretender acceder a su primer empleo.

La inexperiencia resta posibilidades al solicitante y el resultado es el rechazo o una aceptación condicionada, a prueba y/o con bajos ingresos, Horbath (2004) señala que el mercado de trabajo le "cobra" al joven su ingreso a cambio de experiencia de trabajo.

Periodo de prueba

Es un mecanismo a través del cual se realiza una experimentación de la relación de trabajo, el desempeño del joven es sistemáticamente observado para verificar que cumpla con las expectativas del empleador. El 43.5 por ciento de los jóvenes menciona que antes de ser contratados estuvieron en un periodo de prueba.

El periodo de prueba no está especificado en la legislación laboral; sin embargo, aunque algunas empresas realizan contratos temporales, otras tienen una nómina oculta de trabajadores jóvenes por los cuales no realizan pagos de seguridad social. Algunos jóvenes señalan entradas y salidas itinerantes en varios empleos en los cuales, cuando esperan que concluya el lapso de prueba e inicie el contrato formal, son despedidos, como lo describe Diego (23 años): *"hasta que pasas el periodo de prueba, que puede ser por varios meses, te inscriben al seguro social y tienes INFONAVIT […] y cuando ya lo iba a lograr me despidieron"*.

Empleo informal

Para Salas (2006), éste es uno de los casos en los cuales un mismo término es referido a problemas de distinta naturaleza, ya que existen posibilidades de análisis basados en las unidades económicas y en los individuos, que expresan criterios económicos y regulatorios; sin embargo, para los objetivos del presente trabajo el elemento central es el individuo, en este caso el joven, su necesidad y su derecho a trabajar con las condiciones que establecen las leyes en la materia, por lo cual se considera que el empleo informal, oculto, subterráneo, en negro o en la economía sumergida hace referencia a un conjunto de actividades que no tienen licencia para operar, por lo tanto, no están registradas ni reguladas por las leyes, no cumplen con las obligaciones establecidas por el Estado y sus trabajadores no tienen protección social con motivo de su actividad, aunque también refiere a las actividades desempeñadas por trabajadores que laboran para empresas que sí están registradas, pero que ocultan las cifras reales dejando a cierto número de trabajadores sin registro ante las dependencias correspondientes que establece la ley. También nos encontramos a trabajadores semi-ocultos, con un mayor nivel de especialización y mayores ingresos, pero cuyas cotizaciones a la seguridad social corresponden a un salario inferior al real.

La afiliación como trabajadores a la seguridad social es un indicador básico de la ubicación de la persona en la informalidad y del incumplimiento de las leyes laborales por parte de la empresa. Los datos indican que en el 77 por ciento de los casos el primer empleo de los jóvenes que se han autopercibido con riesgo de exclusión laboral lo han realizado al margen de este derecho.

Además de un problema de funcionamiento del sistema económico, el trabajo informal nos muestra un problema de gobernabilidad; detrás de él hay un problema de corrupción, pero también la percepción social de que el establecimiento de una pequeña empresa requiere trámites complicados, tardados y costosos, que las tasas impositivas son altas, que no se tiene la capacidad de administrar un pequeño negocio cumpiendo con todo lo establecido por la norma oficial, que el registro obliga a la permanencia de actividades que algunas veces responden a una demanda estacional o temporal, que le resta libertad al emprendedor y que muchas veces obliga a pagar en impuestos los recursos que necesita para adquirir los insumos para seguir operando.

Para una importante proporción de los más pobres el empleo informal constituye una estrategia de sobrevivencia y única fuente generadora de renta familiar, para otros es una manera de superar las crisis y es concebido como una opción temporal. Algunos jóvenes han trabajado desde la infancia en variadas actividades y nunca lo han hecho de manera formal.

La diversidad de actividades de este tipo abarca principalmente servicios y comercio en pequeña escala, con operación semifija o móvil, de tipo temporal, en la cual quien ofrece trabajo indica horario y remuneración, pero también incluye actividades desarrolladas en forma independiente, como espacio para concretar iniciativas de autoempleo. Algunos rasgos de esta modalidad de trabajo son su escasa cualificación, su baja productividad e inestabilidad.

La participación de los jóvenes en el empleo informal en una importante proporción se encuentra oculta en las estadísticas de las cifras de la cobertura educativa y de la población inactiva y se encuentra representada en la diversidad de actividades que realizan los estudiantes y madres de familia que necesitan trabajar y que lo hacen sobre todo en el comercio informal.

Trabajo a tiempo parcial

Los jóvenes constituyen uno de los grupos de población en el que más se presenta el trabajo a tiempo parcial y principalmente lo hacen por medio tiempo (cuatro horas), lo cual responde tanto a sus necesidades como las del mercado laboral, ya que no existe en la región una cultura de trabajo a tiempo parcial como medio para disponer de tiempo que permita realizar otras actividades para el desarrollo humano y social.

Constituye una opción y estrategia útil para jóvenes que estudian y carecen o tienen limitado apoyo económico de su familia, para los que desean satisfacer necesidades secundarias, pero también para aquellos que desean obtener experiencia en el mundo del trabajo, en especial útil cuando existe correspondencia entre la función desempeñada y la formación profesional en curso. Para otros no es una opción sino una imposición, ya que es una alternativa utilizada por las empresas en situación de crisis por desplome de la demanda o para satisfacer la sobredemanda en algunos periodos.

Al respecto, Llorente-Campos (2001) señala que el trabajo a tiempo parcial es una forma atípica que profundiza la segmentación del mercado de trabajo y que reporta ventajas al sector empresarial. El incremento de trabajadores a tiempo parcial supone un incremento del volumen de empleados, y éstos se ubican en ellos principalmente por no haber encontrado un empleo de tiempo completo y por lo general son empleos no cualificados o de baja cualificación.

El trabajo de la mujer y las desigualdades de género

El trabajo como proyecto de vida forma parte de la identidad de las mujeres jóvenes, quienes tienen una participación más activa que la generación previa y que las adultas de su misma generación. El ser mujer es identificado en mayor medida como una fortaleza en la búsqueda de empleo, más que como un impedimento a la inserción, lo que es mayor en contextos urbanos, sin embargo, el 33.3 por ciento de los jóvenes menciona que existen diferencias de género en el acceso al trabajo, lo que resta posibilidades de equidad en las trayectorias laborales.

Algunos contratantes, o quienes participan en la decisiones de las promociones consideran que las mujeres embarazadas, con hijos o con otras demandas familiares afectan la continuidad a la labor, la dedicación al trabajo y la productividad de la empresa, por lo cual ocupan menores puestos de responsabilidad, tienen salarios más bajos y carreras interrumpidas.

La maternidad juvenil temprana, las crisis y la violencia intrafamiliar interrumpen la continuidad en la formación, provocan deserción escolar y motivan la inserción no planeada al trabajo: *"me embaracé y mis padres me regañaron, me dijeron que qué iba a hacer con un hijo, que me iba a salir de la escuela y debía ponerme a trabajar"* (Lizeth, 20 años); *"él se desentendió de mí y de la bebé [...] y tuve que trabajar"* (Mariana, 18 años); *"mi papá me golpeaba, yo quería salirme y me fui casa por casa preguntando si necesitaban una persona que les ayudara"* (Claudia, 26 años).

Otras modalidades de crisis expulsan a la mujer del trabajo, ya que ante las enfermedades y requerimientos del cuidado de niños y ancianos, son las mujeres las que deben sacrificar su carrera laboral.

Las mujeres jóvenes luchan por modificar patrones culturales que consideran que el cuidado de la familia y crianza de los hijos corresponde exclusivamente a la mujer, la concepción de que el trabajo femenino cuestiona el papel del hombre como proveedor material del bienestar de la familia, que debe sacrificar sus metas profesionales y ajustar sus expectativas y desempeño laboral a las demandas de la vida cotidiana de la familia y es la responsable de lograr una perfecta conciliación de las labores domésticas y del cuidado de los hijos.

Sobrecualificación. Nivel formativo superior a las competencias que demanda el puesto de trabajo

En oposición a los jóvenes que no han tenido oportunidades de concluir la educación básica, se encuentran aquellos que han llegado a titularse, pero no han podido obtener un empleo vinculado con su profesión y se ven obligados a desempeñar tareas en puestos de trabajo muy por debajo de la que le corresponde a su cualificación en la estratificación de las ocupaciones; camareras con estudios universitarios y hasta con posgrado, veterinarios vendiendo enciclopedias, ingenieros en sistemas realizando captura de datos. De manera simultánea al incremento en el número de egresados de los institutos de enseñanza superior, el nivel de desarrollo de la actividad económica en muchas de las regiones de México demanda trabajadores con baja cualificación. Al respecto, Sarriés (2011) señala que por un lado el sistema educativo no aporta las habilidades que se necesitan en el mercado laboral, y por la otra faltan mejores empresarios, que los empresarios tienen muchas veces un nivel formativo por debajo de la media y no valoran como algo positivo —sino como un coste a evitar— la contratación de trabajadores con las mayores habilidades posibles.

Trabajo y estudio

El trabajo en forma de práctica y como medio para desarrollar competencias para las diversas ocupaciones ha sido considerado como el mecanismo idóneo de garantizar la correspondencia entre la formación y las necesidades del sector productivo; sin embargo, algunos grupos de población necesitan trabajo que sea remunerado y estudio que les permita acceder en un futuro a mejores puestos de trabajo; algunos trabajadores necesitan estudiar, algunos estudiantes necesitan trabajar; algunos trabajadores cursan asignaturas; para algunos la principal actividad es el estudio, para otros lo es el trabajo.

Cebrian, Moreno y Lázaro (2000) señalan que las razones y circunstancias pueden ser de diversa índole: aportar una renta complementaria al hogar para poder continuar estudiando, completar el nivel de renta familiar, favorecer una mejor inserción laboral al concluir los estudios, por exigencias de la empresa, para promoverse y para garantizar su continuidad aumentando su competitividad.

El primer empleo del 44 por ciento de los jóvenes lo desempeñó al mismo tiempo que estudiaba, por la necesidad de obtener dinero para los gastos personales, de apoyar económicamente a la familia, por crisis o transiciones diversas como el embarazo, el matrimonio o el inicio de la vida en pareja. El 45 por ciento de los jóvenes que iniciaron su vida laboral cuando estudiaban se manifiestan satisfechos de la experiencia; sin embargo, en la mayoría de los casos no existía correspondencia entre el tipo de estudios y la actividad desempeñada.

La diferenciación regional. Los jóvenes de contextos rurales.

Las condiciones demográficas y socioeconómicas en México nos muestran una gran desigualdad regional, desfavorable para los jóvenes que habitan en comunidades rurales, y en los cuales la constante es el trabajo estacional en unidades económicas familiares, alternado con trabajo personal subordinado de tipo informal, con movilidad intrarregional, de bajos ingresos y sin seguridad social. La movilidad rural-urbana se realiza en condiciones de desventaja por su perfil de empleabilidad, la falta de conocimiento de la dinámica laboral en el contexto urbano y sus demandas, así como por su inexperiencia y sus limitaciones para promoverse, lo que en la mayoría de los casos lo conduce a la informalidad y a empleos de la más baja cualificación en el mercado de trabajo regional.

"En mi comunidad no necesitas a un empleador, nadie que te diga trae una solicitud o recomendaciones, sólo te subes a la lancha, te pones tus botas y te vas a trabajar, no tienes un salario mínimo" (Ent. 1, Martín, 24 años). "Primero te vas con tu papá al campo y aprendes con él ayudando, [después te vas con los que] buscan personas que vayan a cuidar un rancho, que vayan a cuidar algunos animales, a cortar sorgo, son trabajos por temporadas (…) algunos se van a la ciudad (…) la mayor parte son albañiles o mujeres que trabajan en casa (…) tú quieres trabajar en una computadora pero te mandan a acomodar latas (...) un joven de la comunidad no tiene esa facilidad de palabra" (Juan Francisco, 25 años).

Los programas oficiales de apoyo al empleo

El Plan Nacional de Desarrollo (PND) 2006-2012 se plantea como objetivo la generación de condiciones en el mercado laboral que incentiven la creación de empleos de alta calidad en el sector formal y algunas de sus estrategias son fomentar la equidad e inclusión laboral, así como consolidar la previsión social a través de la creación de condiciones de trabajo digno, bien remunerado, con capacitación, seguridad y salud; incentivar la entrada de jóvenes al mercado laboral formal y modernizar su marco normativo para promover la productividad y la competitividad laboral, garantizando los derechos de los trabajadores. Sin embargo, los datos obtenidos del Centro de Tamaulipas indican que más del 60 por ciento de los jóvenes no se informa por ningún medio de los programas de apoyo al empleo y existe un desconocimiento de casi todos los programas, excepto el de la feria de empleo y la bolsa de trabajo.

El ámbito de aplicación de los programas gubernamentales de Servicio de Empleo es limitado, sólo funciona para enlazar al sector privado con los buscadores de empleo; aun cuando la principal actividad económica de algunas regiones sean los servicios gubernamentales, puesto que en ellos la inserción se realiza por el peso relativo de las redes familiares y sociales vinculadas a los distintos órdenes de la gestión gubernamental o de los sindicatos; otros programas solucionan en el corto plazo la necesidad de empleo, pero generan otros problemas, ya que resuelven la necesidad de la empresa y disminuyen las posibilidades de empleo permanente.

Thuy, Hansen y Price (2001) detallan los principales retos que enfrentan los países en desarrollo en lo relativo al servicio público de empleo como la adaptación al contexto, la política de empleo del gobierno, el compromiso político que se traduzca en la provisión de recursos, la inexistencia o limitación de los servicios de prestaciones por desempleo, la poca importancia que se le otorga a los servicios de intermediación laboral. Por lo anterior podríamos afirmar que no se aplica una política de empleo que responda a las necesidades actuales y demandas de los jóvenes, que la aplicación de los programas tiene un enfoque generalista y no toma en cuenta la diversidad de necesidades de los distintos grupos de edad.

Otros problemas del empleo de los jóvenes

Otros aspectos, tan importantes como los anteriores, constituyen un foco emergente de atención, entre ellos la necesidad de atención del empleo juvenil en la planeación y gestión del desarrollo local, el autoempleo, los mecanismos de incubación de empresas, la indefensión jurídica, los trabajos temporales, la escasa sindicalización, los empleos atípicos, la movilidad interregional, la integración laboral de las personas con discapacidad, los efectos del estigma del encarcelamiento en la trayectoria laboral, sin dejar de reconocer la importancia de los condicionamientos derivados de la cultura laboral, de las condiciones familiares y del perfil psicosocial.

Consideraciones Finales

Si consideramos que el desarrollo ocupacional es un proceso sólo superado por la duración del ciclo vital y que en la mayoría de los casos supera al matrimonio y la educación formal, y sus impactos no sólo se materializan en ingresos económicos, sino que construyen subjetividades, la integración sociolaboral de los jóvenes es una condición para lograr una ciudadanía plena con sujetos constructivos y empoderados. Su desatención genera problemas diversos que van desde estrés por inestabilidad laboral (Leibovich & Schufer, 2006), hasta la producción de verdaderas patologías colectivas de la frustración y la exclusión social, lo que presenta el mayor riesgo potencial al impedir que un sujeto circule en los niveles simbólicos de las relaciones sociales (Moise, 2000).

Si el real ejercicio de los derechos humanos son las capacidades y un indicador del desarrollo es "lo que cada persona puede de verdad ser y hacer" (Di Castro, 2009), la capacidad de inserción al trabajo remunerado y de desarrollo ocupacional constituyen estrategias básicas, lo que implica el deber del Estado de favorecer las oportunidades de elección de vida futura, de elección y disfrute de empleo digno.

La exclusión sociolaboral y la vulnerabilidad en el empleo limitan la consecución del primer objetivo del milenio: "Erradicar la pobreza extrema y el hambre" en su meta de lograr "empleo pleno y productivo y el trabajo decente para todos, incluidos las mujeres y los jóvenes" (OIT, 2009).

Referencias

Aparicio, P. (2008). Los/las jóvenes y los retos de la inclusión educativa y laboral en Argentina, a partir de las transformaciones de los años noventa. Causas, dinámicas y consecuencias. En *Revista electrónica de investigación educativa*, 10(1), 1-23.

Brito (1998). Hacia una sociología de la juventud. Algunos elementos para la deconstrucción de un nuevo paradigma de la juventud. En *Última década*, (9), 1-8.

Appel, R. y Sweeten, G. (2010). The impact of incarceration on employment during the transition to adulthood. En *Social problems*, 57(3), 448-479.

Canet, E. (2001). *Pobreza y exclusión social*. Madrid, España: Editorial CCS-ICCE.

Cabrera, P. (2000). *Miradas en el encuentro. Acortando distancias, construyendo realidades*. Madrid: RAIS.

Carrasco, A. (1998). Mujeres aymaras e inserción laboral. En *Revista de ciencias sociales*, 8, 83-96.

Casas, F. y Boada, C. (2009). Sistema educativo e igualdad de oportunidades entre los/las jóvenes tutelados. Estudios recientes en el Reino Unido. En *Psicothema*, 21(4), 543-547.

Castel, R. (1993). La inserción y los nuevos retos de las intervenciones sociales. En *Proyectos de Inserción Social: Realidades y proyectos*. Dossier (33). Madrid, España: Cáritas.

Cebrián, I.; Moreno, G.; y Lázaro, N. (2000). *¿Trabajar o estudiar? El caso de los trabajadores españoles*. WP-EC2000-14. Instituto Valenciano de Investigaciones Económicas. Recuperado de http://www.ivie.es/downloads/docs/wpasec/wpasec-2000-14.pdf

Cisneros, J.L. (2007). Cultura, juventud y delincuencia en el Estado de México. En *Papeles de población*, 52, 255-280.

Contreras, D. (2001). Política social de juventud. ¿Excluir o integrar a qué?. En *Última década*, 14, 47-64.

Organización de las Naciones Unidas (1948). Declaración Universal de los Derechos Humanos, Recuperado de http://www.un.org/es/documents/udhr/

De Elena, J. (2004). *Desigualdad social y relaciones de trabajo*. Salamanca, España: Aquilafuente-Universidad de Salamanca.

De la Garza, E. (2006). *Teorías sociales y estudios del trabajo*. Barcelona, España: Anthropos-UAM.

Di Castro, E. (2009). Justicia y libertad. Un acercamiento desde las capacidades. En E. Di Castro. *Justicia, desigualdad y exclusión* (ed.). *Debates contemporáneos*. México, D.F.: UNAM.

Fuenmayor, N. y Gamboa, T. (2002). ¿Empleo juvenil o reproducción de la pobreza en Venezuela?. En *Cayapa*, 2(3), 1-24.

García, J. y Mondanza, G. (2002). *Jóvenes, universidad y compromiso social. Una experiencia de inserción comunitaria*. Madrid, España: Narcea.

Giddens, A. (2006). *Sociología*. Madrid, España: Alianza Editorial.

González, A. (5 de junio de 2011). Convergencia forzosa. En *El País*. p. 26.

González, E. y Fernández, M.P. (2000). Los/las jóvenes de la sociedad actual (De 17 años en adelante). En E. González (ed.). *Psicología del ciclo vital*. Madrid, España, Editorial CCS.

Gray, M.; Kurihara, T.; Hommen, L. y Feldman, J. (2007). Networks of exclusion: job segmentation and social networks in the knowledge economy. En *Equal Opportunities International*, 26(2), 144-161.

Gutiérrez, A.L. (2007). Educación y trabajo en jóvenes costarricenses. En *Actualidades investigativas en educación*, 7(2), 1-33.

Herrera, M. y Castón, P. (2003). *Las políticas sociales en las sociedades complejas*. Barcelona, España: Edit. Ariel.

Holder, A. (2001). Mercado laboral, seguridad social y exclusión social. En *Revista venezolana de sociología y antropología*, 11(32), 447-469.

Horbath, J. (2004). Primer empleo de los/las jóvenes en México. En *Papeles de población, 42,* 199-249.

Horton, P. y Hunt, Ch. (1990). *Sociología.* México, D.F.: Mc Graw Hill-Interamericana.

Jiménez, M. (2008). Aproximación teórica de la exclusión. Complejidad e imprecisión del término. Consecuencias para el ámbito educativo. En *Estudios pedagógicos,* 34(1), 171-186.

————, Luengo, J. y Taberner, J. (2009). Exclusión social y exclusión educativa como fracasos. Conceptos y líneas para su comprensión e investigación. En *Profesorado,* 13(3), 1-39.

Krugman, P. (2011). Contra la impotencia aprendida. En The New York Times, traducción de El País, sección Negocios, p. 20.

Leibovich, N. y Schufer, M. (2006). *Evaluación psicológica del estrés por inestabilidad laboral.* Buenos Aires, Argentina: Paidós.

Llorente-Campos, R. (2001). *Trabajo a tiempo parcial.* Valencia, España: Editorial Germania.

Macionis, J. y Plummer, K. (1999). *Sociología.* Madrid, España: Prentice Hall.

Marín, M.; Garrido, M.A.; Troyano, Y. y Bueno, R. (2002). Datos para definir políticas de educación y formación para el empleo, en función del perfil psicosocial de los/las jóvenes. En *Psicothema,* 14(2), 287-292.

Martínez, R. (2005). *Estructura social y estratificación. Reflexiones sobre las desigualdades sociales.* Buenos Aires, Argentina: Miño y Dávila.

Moise, C. (2000). Trabajo, desempleo e impacto subjetivo. En Cortazzo, I. y Moise, C. *Estado, salud y desocupación. De la vulnerabilidad a la exclusión* (eds.). Buenos Aires, Argentina: Paidós.

Organización de las Naciones Unidas (2010). *Políticas y programas relativos a la juventud.* Resolución A/RES/64/130 aprobada por la Asamblea General.

Organización Internacional del Trabajo (2011). *El programa de trabajo decente.* Recuperado de http://www.ilo.org/global/about-the-ilo/decent-work-agenda/lang-es/index.htm

_____ (2009). *Guía sobre los nuevos indicadores de empleo de los Objetivos de Desarrollo del Milenio.* Ginebra, Suiza: OIT.

_____ (2010). *Trabajo decente y juventud en América Latina.* Lima, Perú: OIT-Oficina regional para América Latina y el Caribe.

Pérez, J.P. y Mora, M. (2004). De la oportunidad del empleo formal al riesgo de exclusión laboral. Desigualdades estructurales y dinámicas en los mercados latinoamericanos de trabajo. En *Alteridades*, 14(28), 37-49.

_____ (2006). Exclusión social, desigualdades y excedente laboral. Reflexiones analíticas sobre América Latina. En *Revista mexicana de sociología*, 68(3), 431-465.

Pérez, M. (2008). Inserción laboral de jóvenes con discapacidad. Análisis de las prácticas laborales. En *Pedagogía social*, 15, 99-110.

PNUD (2010). *Primer informe regional sobre desarrollo humano*, Boletín núm. 67. Disponible en www.revistadesarrollohumano.org

Presidencia de la República, México (2007). *Plan Nacional de Desarrollo 2007-2012.* Disponible en: http://pnd.presidencia.gob.mx/

Rivas, A.M. (2006). El empleo o la vida: perder el empleo para conservar la vida o renunciar a la vida para conservar el empleo ¿De qué conciliación hablamos?. En *AIBR. Revista de Antropología Iberoamericana*, 1(3), 361-368.

Rodríguez, E. (2004). Políticas y estrategias de inserción laboral y empresarial de jóvenes en América Latina. El desafío de la empleabilidad. En *Revista latinoamericana de ciencias sociales, niñez y juventud*, 2(1), 1-34.

Roldán, E. (1993). El observatorio de la CA sobre la exclusión y los servicios sociales. En *Cuadernos de trabajo social,* (4-5), 307-316.

Rubio, M.J. y Monteros, S. (2002). *La exclusión social. Teoría y práctica de la intervención* (ed.). Madrid, España: CCS.

Sánchez, J.I. (2004). Jóvenes y primer trabajo. El acceso al mundo del empleo. En De Elena y Peña J. (ed.). *Desigualdad social y relaciones de trabajo,* Salamanca, España: Ediciones Universidad de Salamanca.

Sanchis J.R. y Campos, V. (2005). Inserción sociolaboral, economía social y desarrollo local. Estudio empírico sobre la realidad actual del agente de empleo y desarrollo local en España. En *Revista de economía pública, social y cooperativa,* (52), 279-306.

Salas, C. (2006). El sector informal: auxilio u obstáculo para el conocimiento de la realidad social en América Latina. En De la Garza, E. (ed.). *Teorías sociales y estudios del trabajo: Nuevos enfoques*, Barcelona, España: Edit. Anthropos-UAM.

Saraví, G. (2006). Biografías de exclusión: Desventajas y juventud en Argentina. En *Perfiles latinoamericanos,* (28), 83-116.

Sarríes, N. (2011, 10 junio). La juventud española entre el paro, Alemania y trabajos sin cualificación. En *20 minutos, Sevilla.*

Somavia, J. (2006). *Empleo juvenil.* Organización Internacional del Trabajo. Oficina Regional para América Latina y el Caribe. Recuperado de http://www.oit.org.pe/index.php?option=com_content&view=article&id=750&Itemid=1510

Strauss-Khan, D. (2010, 14 septiembre). *Salvar a la generación perdida*. Fondo Monetario Internacional. Recuperado de

http://www.imf.org/external/spanish/np/vc/2010/091
410s.htm

Subirats, J.; Gomá, R. y Brugué, J. (2005). *Análisis de los factores de exclusión social*. Recuperado de http://www.inau.gub.
uy/biblioteca/exclusion_social.pdf

Tezanos, J.F. (2009). *La sociedad dividida. Estructura de clases y desigualdades en las sociedades tecnológicas,* Madrid, España: Biblioteca Nueva.

Thuy, P.; Hansen, E. y Price, D. (2001). *El servicio público de empleo en un mercado de trabajo cambiante,* Madrid, España: Organización Internacional del Trabajo.

Touraine, A. (1997). Juventud y democracia en Chile. En *Última década*, 8, 1-10.

_____ (2009). *La mirada social. Un marco de pensamiento distinto para el siglo XXI.* Madrid, España: Paidós, Ibérica.

Ubide, Á. (2011, 5 de junio). La teoría económica del 15-M. En *El País.* p. 21.

La educación formal y la inserción laboral de los jóvenes de origen mexicano en Estados Unidos

Alejandro Francisco Román Macedo

INTRODUCCIÓN

La migración es una acción motivada por factores sociales, políticos y económicos que afecta tanto a las áreas de salida como a las de llegada. Los movimientos poblacionales en respuesta al crecimiento demográfico, al cambio climático, al desarrollo de la producción y al intercambio han sido siempre parte de la historia humana. La guerra, la conquista, la formación de naciones y el surgimiento de estados e imperios han originado migraciones, tanto voluntarias como forzadas. La esclavitud y la deportación de gente de pueblos conquistados ha sido, desde épocas tempranas, una forma frecuente de migración laboral (Castles & Miller, 1993).

Por su parte, en el continente americano, Estados Unidos es el principal país receptor de migrantes, al recibir flujos de Asia, Europa, África, América Latina y el Caribe. A su vez, uno de los flujos migratorios que más sobresale es el de mexicanos hacia aquella nación. Dicho fenómeno no es nuevo, lo que destaca es el incremento en su monto, así como la existencia de nuevos patrones migratorios practicados por los migrantes mexicanos; entre ellos, llama la atención el aumento de los migrantes que van acompañados de su esposa e hijos, sin que por ello desaparezca el migrante que deja a su familia en México. Hoy en día, el perfil tradicional está cambiando de manera notoria, en el sentido de que la migración familiar es cada vez más frecuente. Migrar acompañado del cónyuge es un hecho que caracteriza, según el *Mexican Migration Project*, a uno de cada cuatro de los migrantes jefes de hogar que viajaron a Estados Unidos después de 1986. Al mismo tiempo, migrar acompañado de los hijos es característico de un tercio de los que migraron a partir de ese año. Lo que hoy se observa son familias mexicanas que deciden residir de forma permanente en Estados Unidos (Zuñiga, 2003).

Es decir, se presenta un panorama en el que no sólo se traslada el migrante, sino que lo hace junto con su familia, dando origen, entre otras cosas, a nuevas problemáticas tanto en su movilidad como en su incorporación al país de llegada. Entre algunas de las situaciones que enfrenta el migrante a su llegada, así como sus descendientes, se encuentra el asimilarse socioeconómicamente a la nueva sociedad; es decir, lograr tener similares oportunidades a las que tienen los nativos tanto en la educación, el empleo y el ingreso (Rumbaut, 1997). Cabe señalar que la adaptación de éstos puede variar dentro de la misma población, donde por lo general son los jóvenes quienes tienen mayores oportunidades de asimilarse al ámbito socioeconómico de la sociedad receptora (Pizarro, 2000). A su vez, también habrá diferencias entre generaciones, por ejemplo, Neidert y Farley (1985) encuentran que las diferencias educacionales y ocupacionales entre distintos grupos de migrantes presentan variaciones mínimas entre la segunda y tercera o más generaciones, mientras que, al comparar la primera con las demás generaciones, las diferencias son más marcadas.

Algunos estudios sugieren que los jóvenes de origen mexicano, en comparación con otros grupos de migrantes, tienen en general altas tasas de abandono escolar y bajas calificaciones durante la etapa de *high school*.[1] Asimismo, el tipo de trabajo al que accede dicha población es en general de baja calidad (Schmid, 2001). En ambos casos se plantea que estos resultados son ejemplos de que los jóvenes de origen mexicano tienen problemas para asimilarse socioeconómicamente a la nueva sociedad (Portes, 2000).

Teniendo en cuenta lo anterior es que surge el interés en este trabajo por presentar un panorama sobre la situación educativa y laboral de los jóvenes de origen mexicano y blancos no hispanos en Estados Unidos, así como mostrar la relación de la escolaridad con el tipo de ocupación en la cual se insertan los jóvenes de cada grupo étnico. La fuente de datos que se utiliza es la *Current Population Survey 2003,* esta encuesta capta información sobre el empleo y las características sociodemográficas de los hogares en Estados Unidos y es representativa en el ámbito nacional.

MIGRACIÓN MÉXICO-ESTADOS UNIDOS

La historia de la migración desde México hacia Estados Unidos está estrechamente vinculada no sólo a tendencias económicas en ambos países, sino también a los acuerdos entre ambos gobiernos para regular el flujo de migrantes y de trabajadores temporales. El proceso tiene sus raíces desde la Segunda Guerra Mundial, cuando Estados Unidos solicitó a México enviar trabajadores temporales para el sector agrícola. Con este acuerdo nació el programa Bracero, que continuó hasta 1964 y comprendió a cerca de 4.5 millones de trabajadores. Una vez concluido el programa, la migración continuó, pero entonces con un número creciente de personas sin documentos legales (Gammage & Schmitt, 2004).

---

[1] El *high school* correspondería en México al tercer año de secundaria y los tres de bachillerato.

En México, la liberalización, la inflación y el estancamiento económico a finales de los años setenta, la crisis del decenio de 1980 y la contracción de la agricultura contribuyeron a intensificar el flujo de migrantes, en su mayoría de los sectores rurales (Castillo, 1995; Gammage & Schmitt, 2004). Por ejemplo, de acuerdo con estimaciones del Estudio Binacional, realizado por la US Commission on Immigration Reform, se ha señalado que la pérdida neta de población mexicana derivada de la migración internacional se ubicó entre 260 mil y 290 mil personas entre 1960 y 1970. A su vez, el saldo neto migratorio durante la siguiente década se situó entre 1.2 y 1.5 millones; para la década de los ochenta, la pérdida neta fue de entre 2.1 y 2.6 millones. En la década de 1990, cuando se acrecentó el intercambio de bienes entre Estados Unidos y México, también se acentuó el flujo de migrantes; en el periodo 1990-1995 el saldo neto fue alrededor de 1.5 millones de migrantes (Gómez de León & Tuirán, 2000).

Recientemente, el flujo migratorio de México hacia Estados Unidos ha adquirido modalidades diversas, un patrón más complejo y heterogéneo, así como volúmenes cuantiosos y crecientes. En la actualidad, dentro de esta complejidad se observan las siguientes tendencias: una creciente diversificación regional de la migración;[2] una cada vez más notoria presencia de migrantes procedentes de zonas urbanas; mayor diversificación ocupacional y sectorial de los migrantes, tanto en México como en Estados Unidos; así como una tendencia creciente de los migrantes mexicanos a prolongar o establecer su estancia en el vecino país del norte (Gómez de León & Tuirán, 2000). Con

---

[2] En el año 2000, California y Texas fueron los estados con la mayor concentración de mexicanos; empiezan a ser significativos Georgia, Nevada, Carolina del Norte, Oregon y Kansas. Esta migración tiene que ver con la oferta de empleos, sobre todo en los mataderos, el empacamiento de carne, el procesamiento de pollos y el sector servicios (Gammage & Schmitt, 2004).

relación a este último punto, algunos estudios señalan que, del total de migrantes que se fueron a Estados Unidos en los periodos 1993-1997, 1998-2001 y 2001-2003, los porcentajes de migrantes temporales que regresaron a México fueron de 40.2, 24.8 y 29.8 por ciento, respectivamente, lo que a pesar del ligero repunte para el tercer periodo,[3] parece indicar que la migración a Estados Unidos se está volviendo más permanente. Lo anterior tiene algunas explicaciones, al menos hipotéticas: el reforzamiento de controles de la frontera; la apertura de nuevos nichos de mercado laboral; la diversificación de ocupaciones no dependientes de ciclos estacionales. A su vez, datos referentes al tiempo promedio de permanencia de los migrantes temporales en Estados Unidos confirman la tendencia a prolongar su estancia, al pasar de 5.5 a 6.9 y 12.2 meses en los periodos señalados (Gómez de León & Tuirán, 2000).

POBLACIÓN DE ORIGEN MEXICANO EN ESTADOS UNIDOS

Como se mencionó, el flujo migratorio de México hacia Estados Unidos se ha incrementado en los últimos años. Asimismo, dicho aumento se ha reflejado en la proporción que representan los mexicanos en relación con otros hispanos en el país del norte. Por ejemplo, de acuerdo con la *Current Population Survey* (CPS) de 2000, el número de hispanos en Estados Unidos era de 35.2 millones, los cuales representaban el 12.5 por ciento del total de la población estadounidense. Dentro de este grupo, la población de origen mexicano representaba el 59.4 por ciento, con 20.9 millones. En 2003, el 13.8 por ciento de la población de Estados Unidos eran hispanos, de los cuales el 66.8 por ciento era de origen mexicano (cuadro 1).

[3] Se debe tomar en cuenta que el flujo migratorio para este periodo se ha incrementado de manera notable en comparación con los dos periodos anteriores.

Cuadro 1
POBLACIÓN HISPANA Y DE ORIGEN MEXICANO EN ESTADOS UNIDOS,
2000 Y 2003

		2000		2003
	%	*Absolutos*	%	*Absolutos*
Población total en Estados Unidos		281'600,000		285'933,410
Hispanos en la población de Estados Unidos	12.5	35'200,000	13.8	39'383,557
Población de origen mexicano dentro del grupo de hispanos	59.4	20'900,000	66.8	26'294,046

Fuente: Current Population Survey 2000 y 2003.

En relación con las características sociodemográficas de la población de origen mexicano y sus generaciones,[4] así como del grupo de referencia[5] se observa que, en la edad, las diferencias más marcadas se presentan para el grupo de 45 años o más, siendo mayor la población de nativos (37.7 contra 17.4 por ciento); por su parte, para los menores de 15 años dicha relación es inversa, debido a que la población de origen mexicano tiene una mayor porcentaje en ese grupo de edad (31.2 por ciento en relación con 21.2 por ciento del grupo de comparación). En la primera generación, el mayor porcentaje de la población se encuentra entre los 25 y 44 años de edad, lo cual se explica porque las personas que migran a Estados Unidos, por lo regular lo hacen en la edad laboral. Con respecto a la generación 1.5, se encuentra que el grupo de edad en el que se

[4] La primera generación son aquellas personas que nacieron en México y migraron a Estados Unidos después de los 7 años de edad. La generación 1.5 son los que nacieron en México y migraron a la Unión Americana antes de cumplir 7 años de edad. La segunda generación son los que nacieron en Estados Unidos y tienen al menos un padre nacido en México.

[5] El grupo de referencia son todos los blancos nacidos en Estados Unidos con excepción de los de origen hispano.

concentra mayormente dicha población es el de de 15 a 24 años, que en parte puede ocurrir porque en esta generación se considera a los que migraron antes de los 7 años de edad. En relación con la segunda generación, se observa que el mayor porcentaje corresponde a los menores de 15 años de edad (no en el universo).

En cuanto al estado civil (cuadro 2), un alto porcentaje de la población de la primera generación está casada o unida, lo cual está estrechamente asociado con la emigración laboral de personas que ya tienen una pareja y que buscan fuentes de ingreso para el sostén de su familia. En relación a la 1.5 y segunda generaciones, los mayores porcentajes los ocupan los solteros, quienes de nuevo estarían influenciados por la estructura de edad de dichos grupos generacionales. Es importante destacar que el grupo de los nativos tiene similares porcentajes con población casada y soltera, comportamiento que difiere al de los mexicanos.

En lo que se refiere al nivel educativo de la población de origen mexicano en relación con el grupo de comparación, las diferencias son marcadas para todos los niveles de instrucción, siendo la población de origen mexicano la que tiene menores logros educativos (cuadro 2). En términos de las generaciones de origen mexicano, el porcentaje de los que tienen menos de *high school*, es notablemente menor para la segunda generación, en contraste con la primera y la 1.5 generaciones. A su vez, cabe señalar que en la generación 1.5 se observa un mayor porcentaje de personas con más de *high school*, en relación con las otras generaciones. Este comportamiento se puede explicar porque la segunda generación está compuesta por los hijos de migrantes que nacieron en Estados Unidos, lo que les permitió ingresar a las escuelas en ese país desde los niveles básicos; algo similar ocurre con la generación 1.5, puesto que migraron antes de los 7 años de edad, lo que también les permitió cursar su educación escolar básica en dicho país.

Cuadro 2
CARACTERÍSTICAS DE LA POBLACIÓN DE ORIGEN MEXICANO Y DEL GRUPO DE COMPARACIÓN EN ESTADOS UNIDOS, 2003

| | Población general | | Población de origen mexicano | | | | | | Grupo de comparación | |
| | | | 1a generación | | 1.5 generación | | 2a generación | | | |
	%	Absolutos	%	Absolutos	%	Absolutos	%	Absolutos	%	Absolutos
Edad										
15 a 24 años	17.6	4'637,783	15.9	1'345,596	55.7	377,027	18.3	1'383,894	13.8	31'212,675
25 a 44 años	33.8	8'877,102	58.5	4'958,087	40.4	273,518	15.0	1'135,026	27.3	61'940,657
45 o mas años	17.4	4'565,813	25.7	2'175,780	3.9	26,281	10.2	775,365	37.7	85'651,907
No en el universo*	31.2	8'213,348	0.0	0	0.0	0	56.5	4'274,038	21.2	48'089,090
Estado civil										
Casado	36.3	9'546,908	64.5	5'471,267	33.9	229,410	16.4	1'238,639	41.7	94'677,162
Soltero	55.1	14'486,653	24.8	2'102,737	60.8	411,681	78.0	5'902,252	43.4	98'423,657
Viudo, divorciado o separado	8.6	2'260,486	10.7	905,459	5.3	35,736	5.7	428,432	14.9	33'793,509

Nivel educativo									
Menos de high school	35.3	9'281,113	66.3	5'624,463	54.7	370,417	17.8	1'350,200	13.8	31'325,130
High school	17.6	4'626,743	20.9	1'771,496	24.1	163,308	12.3	934,499	24.6	55'739,519
Mas de high school	15.9	4'172,841	12.8	1'083,504	21.1	143,102	13.4	1'010,587	40.4	91'740,589
No en el universo*	31.2	8'213,349	0.0	0	0.0	0	56.5	4'274,038	21.2	48'089,090
Estatus socioeconómico									
Debajo de la línea de pobreza	23.1	6'070,645	24.1	2'039,563	21.7	146,904	25.9	1'957,187	10.7	24'322,230
En la línea o 24% arriba de ella	8.3	2'176,494	9.4	799,175	7.3	49,147	8.9	671,897	3.8	8'600,272
Entre 25 y 49% arriba de la línea	9.0	2'374,895	9.9	838,836	7.3	49,696	9.3	701,969	4.3	9'748,619
50% arriba de la línea de la pobreza	59.6	15'672,012	56.6	4'801,888	63.7	431,079	56.0	4'238,270	81.2	184'223,207
Total	100.0	26'294,046	100.0	8'479,462	100.0	676,826	100.0	7'569,323	100.0	226'894,328

*Las personas que no están en el universo son aquellas menores a 15 años de edad debido a que en la encuesta sólo se entrevistó a las personas de 15 o más años.

Fuente: Current Population Survey 2003.

El estatus socioeconómico es otro elemento que distingue a la población de origen mexicano frente a los blancos no hispanos, pues a diferencia de estos últimos, un porcentaje alto de los mexicanos se encuentra por debajo de la línea de pobreza.[6] A su vez, aunque la mayor parte de la población de origen mexicano está 50 por ciento arriba de la línea de pobreza, dicha población muestra una clara desventaja en términos socioeconómicos con el grupo de comparación (cuadro 2). Al distinguir por generación, se tiene que el comportamiento de éstas es similar al de la población de origen mexicano en conjunto. Sin embargo, en la generación 1.5 se observa el mayor porcentaje de personas arriba de la línea de pobreza (cuadro 2); lo importante de este resultado, es que se esperaría que la segunda generación, al haber nacido en Estados Unidos, se ubicara en una mejor posición económica (arriba de la línea de pobreza).

En lo referente a la ocupación en la cual se inserta la población de origen mexicano encontramos, para 2003, que dicha población se concentra en ocupaciones como obreros y trabajadores de servicios semicalificados, mostrando diferencias importantes en relación con el grupo de comparación, el cual no presenta concentraciones muy marcadas en un tipo de actividad (cuadro 3). Al Observar por generaciones de origen mexicano (cuadro 3), tenemos que las personas de la primera generación se encuentran principalmente como obreros y trabajadores de servicios semicalificados. En la generación 1.5, la población se ubica en ocupaciones como obreros, trabajadores de oficina y servicios. Por su parte, la población de la segunda generación se encuentra como trabajadores de servicios, de oficina, obreros y vendedores, sobre todo. Finalmente, pode-

---

[6] El índice de pobreza fue adoptado por la *Federal Interagency Committee* en 1969 y ligeramente modificado en 1981 por la misma. Para una definición más detallada de cómo se calcula el índice de pobreza ver *Current Population Reports,* serie P. 60, número 154, *Money income and poverty status of persons in the United States: 1988.*

Cuadro 3

OCUPACIÓN DE LA POBLACIÓN ACTIVA DE ORIGEN MEXICANO Y DEL GRUPO DE COMPARACIÓN EN ESTADOS UNIDOS, 2003

| | Población general | | Población de origen mexicano | | | | | | Grupo de comparación | |
| | | | 1a generación | | 1.5 generación | | 2a generación | | | |
	%	Absolutos	%	Absolutos	%	Absolutos	%	Absolutos	%	Absolutos
Ejecutivos	3.8	416,529	2.4	126,004	4.7	17,752	4.4	77,761	11.5	12'454,170
Profesionales	3.9	429,912	1.9	101,375	2.8	10,442	6.7	119,084	10.8	11'706,659
Técnicos	8.2	913,561	3.3	177,760	10.4	39,081	11.9	213,426	17.0	18'371,923
Vendedores	9.0	998,296	5.9	313,086	10.4	39,195	14.3	256,178	12.1	13'061,650
Trabajadores de oficina	11.5	1'277,366	4.6	247,692	20.0	75,391	16.7	298,119	15.0	16'265,749
Obreros y trabajadores especializados	24.5	2'711,569	33.7	1'800,867	24.1	91,085	14.4	256,550	11.4	12'401,645
Trabajadores de servicios semicalificados	27.0	2'989,214	33.1	1'769,640	17.9	67,607	21.1	376,169	16.1	17'423,353
Trabajadores de transporte semicalificados	9.4	1'041,817	10.8	580,315	6.0	22,483	9.7	172,751	5.7	6'124,316
Trabajadores agropecuarios	2.8	309,590	4.4	233,028	3.8	14,213	0.9	16,180	0.5	524,638
Total	100.0	11'087,854	100.0	5'349,767	100.0	377,249	100.0	1'786,218	100.0	108'334,103

Fuente: Current Population Survey 2003.

mos observar que conforme avanzan las generaciones de la población de origen mexicano, disminuye el porcentaje de los que trabajan como obreros y se incrementa de manera importante la población que se ubica en ocupaciones que requieren de un mayor nivel educativo.

Cabe señalar que la ocupación en la cual se inserta la población de origen mexicano puede estar determinada no sólo por su condición de residencia en Estados Unidos (entre otros factores), sino también por su nivel de instrucción formal. Debido a que hay quienes señalan (Suárez, 1996) que el sueldo que se asigna a cada trabajador depende de su productividad, la cual se supone está relacionada directamente con su nivel educativo.

Tomando en cuenta lo anterior se observa, para la población de origen mexicano en general, que hay una ligera diferencia entre el nivel educativo obtenido y el tipo de ocupación en la cual se inserta dicha población. En apariencia se mejora el tipo de trabajo en el que se desempeñan las personas a medida que tienen un mayor nivel de instrucción formal. Comparando por generaciones, para la primera se observan ligeros cambios cuando se tiene mayor escolaridad, sobre todo en las ocupaciones de ejecutivos, profesionales y técnicos; no obstante, dicha población se mantiene en mayor medida en trabajos de obreros y servicios. A su vez, para la 1.5 y segunda generaciones es en donde se observan mayores variaciones en la ocupación cuando se incrementa el nivel de escolaridad; este comportamiento es similar al del grupo de comparación (cuadro 4).

De acuerdo con el panorama presentado con anterioridad se puede decir que la población de origen mexicano en Estados Unidos presenta diferencias tanto entre generaciones como con el grupo de comparación; destacándose sus bajos niveles de instrucción y su incorporación a trabajos de baja remuneración. Lo anterior es una muestra de que la población de origen mexicano enfrenta barreras que limitan su asimilación a la nueva

Cuadro 4
OCUPACIÓN DE LA POBLACIÓN ACTIVA DE ORIGEN MEXICANO
Y DEL GRUPO DE COMPARACIÓN EN ESTADOS UNIDOS,
SEGÚN NIVEL DE INSTRUCCIÓN, 2003

Población de origen mexicano	Nivel educativo					
	Menos de high school		High school		Más de high school	
	%	Absolutos	%	Absolutos	%	Absolutos
Ejecutivos	1.5	70,138	3.8	123,984	7.0	222,408
Profesionales	0.6	30,206	2.7	87,549	9.9	312,158
Técnicos	2.3	109,255	6.3	205,481	18.9	598,826
Vendedores	6.0	282,611	10.9	353,985	11.4	361,702
Trabajadores de oficina	4.3	203,400	15.7	509,053	17.8	564,913
Obreros y trabajadores especializados	34.9	1'630,894	23.2	751,766	10.4	328,907
Trabajadores de servicios semicalificados	33.6	1'571,711	25.8	836,605	18.3	580,899
Trabajadores de transporte semicalificados	11.3	530,745	10.3	333,679	5.6	177,393
Trabajadores agropecuarios	5.4	250,386	1.2	38,459	0.7	20,746
Total	100.0	4'679,346	100.0	3'240,561	100.0	3'167,952
Población de origen mexicano de 1a generación						
Ejecutivos	1.4	47,154	2.9	36,316	5.3	42,534
Profesionales	0.7	21,679	1.4	17,674	7.7	62,022
Técnicos	1.2	40,160	3.0	36,965	12.6	100,634
Vendedores	4.0	132,585	8.2	100,735	10.0	79,767
Trabajadores de oficina	2.6	86,596	6.8	83,941	9.6	77,156
Obreros y trabajadores especializados	38.3	1'268,631	29.5	364,590	20.9	167,646

Cuadro 4 (Continuación)

Población de origen mexicano	Menos de high school		High school		Más de high school	
	%	Absolutos	%	Absolutos	%	Absolutos
Trabajadores de servicios semicalificados	34.0	1'125,536	35.4	437,195	25.8	206,909
Trabajadores de transporte semicalificados	11.7	389,200	11.1	137,556	6.7	53,559
Trabajadores agropecuarios	6.1	203,388	1.6	19,292	1.3	10,348
Total	100.0	3'314,929	100.0	1'234,264	100.0	800,575
Población de origen mexicano de 1.5 generación						
Ejecutivos	1.7	2,391	3.6	4,629	9.7	10,732
Profesionales			5.4	6,913	3.2	3,528
Técnicos	5.0	6,929	7.8	10,049	20.0	22,103
Vendedores	4.6	6,351	13.6	17,571	13.9	15,273
Trabajadores de oficina	7.1	9,806	22.4	28,939	33.2	36,646
Obreros y trabajadores especializados	38.8	53,471	26.1	33,607	3.6	4,007
Trabajadores de servicios semicalificados	27.8	38,406	14.0	17,995	10.2	11,206
Trabajadores de transporte semicalificados	5.3	7,251	6.6	8,455	0.0	
Trabajadores agropecuarios	9.7	13,381	0.6	832	6.1	6,777
Total	100.0	137,986	100.0	128,990	100.0	110,272
Población de origen mexicano de 2a generación						
Ejecutivos	1.7	6,781	2.8	17,490	7.1	53,490

Nivel educativo (encabezado que abarca las seis columnas de datos)

Cuadro 4 (Continuación)

Población de origen mexicano	Nivel educativo					
	Menos de high school		High school		Más de high school	
	%	Absolutos	%	Absolutos	%	Absolutos
Profesionales	0.6	2,543	2.6	16,638	13.2	99,903
Técnicos	5.0	20,229	7.8	48,887	19.1	144,309
Vendedores	16.2	65,459	14.9	93,618	12.9	97,101
Trabajadores de oficina	7.8	31,459	21.1	132,683	17.8	133,977
Obreros y trabajadores especializados	24.0	96,836	18.1	113,684	6.1	46,030
Trabajadores de servicios semicalificados	30.0	121,049	20.5	128,947	16.7	126,173
Trabajadores de transporte semicalificados	12.5	50,395	10.9	68,716	7.1	53,640
Trabajadores agropecuarios	2.1	8,407	1.2	7,774		
Total	100.0	403,158	100.0	628,437	100.0	754,623
Grupo de comparación						
Ejecutivos	3.5	335,429	7.9	2'607,506	14.4	9'511,235
Profesionales	0.9	88,472	4.2	1'394,462	15.5	10'223,725
Técnicos	6.0	568,517	8.5	2'813,250	22.7	14'990,156
Vendedores	14.0	1'323,517	12.2	4'039,257	11.7	7'698,875
Trabajadores de oficina	9.2	869,698	18.5	6'088,384	14.1	9'307,667
Obreros y trabajadores especializados	20.8	1'966,974	18.7	6'172,183	6.5	4'262,488
Trabajadores de servicios semicalificados	32.0	3'025,535	19.9	6'546,850	11.9	7'850,967

Cuadro 4 (Continuación)

Población de origen mexicano	Nivel educativo					
	Menos de high school		High school		Más de high school	
	%	Absolutos	%	Absolutos	%	Absolutos
Trabajadores de transporte se- micalificados	11.8	1'116,983	9.4	3'100,188	2.9	1'907,144
Trabajadores agropecuarios	1.7	158,247	0.7	219,438	0.2	146,953
Total	100.0	9'453,372	100.0	32'981,518	100.0	65'899,210

Fuente: Cálculos propios con datos de la Current Population Survey 2003.

sociedad, pudiendo ser la edad uno de los factores que estén influyendo en dicho proceso.

LOS JÓVENES[7] DE ORIGEN MEXICANO EN ESTADOS UNIDOS

Hasta ahora hemos planteado un panorama general de la migración México-Estados Unidos, así como de la población de origen mexicano. Sin embargo, las oportunidades educativas y laborales de los migrantes y sus descendientes será distinta entre ellos, ya que habrá diferencias entre la población de origen mexicano debido a que se ha señalado que los más jóvenes tendrán mayores oportunidades de integrarse a la nueva sociedad (Pizarro, 2000).

Pero no sólo habrá diferencias por edad, sino que, como vimos, la población de origen mexicano presenta variaciones

[7] En este trabajo se consideran como jóvenes aquellos que tengan entre 15 y 24 años de edad, debido a que en este rango de edad es cuando la mayor parte de los jóvenes concluyen su vida escolar e inician su trayectoria laboral (Coleman & Husen, 1989).

entre generaciones. Por ejemplo, diversos estudios han señalado que las diferencias educacionales y ocupacionales presentan variaciones mínimas entre la segunda y demás generaciones, mientras que comparando la primera y demás generaciones, las diferencias serán más marcadas[8] (Neidert & Farley, 1985). Esto puede deberse, entre otras cosas, al mayor tiempo de exposición en la nueva sociedad que tienen la segunda y más generaciones en relación con la primera (además de que muchos de los jóvenes que migran van en búsqueda de oportunidades laborales, que es la característica principal del flujo migratorio de mexicanos a Estados Unidos).

Asimismo, se ha planteado que algunas de las ventajas de llegar desde niños a Estados Unidos (menores de 7 años) son el aprendizaje del idioma desde temprana edad, lo cual se incrementa con el paso del tiempo; y los que llegan desde pequeños entran a escuelas en Estados Unidos y tienen la ventaja de adquirir su educación con la calidad de dichas escuelas. Asimismo, se señala que la deserción escolar de los jóvenes nacidos en el extranjero depende fuertemente de la edad a la cual migraron y el país del cual emigraron y tuvieron su educación inicial (Fry, 2005). Por su parte, Greenlees y Saenz (1999) mencionan que la edad y el tiempo de permanencia en Estados Unidos incrementan el capital humano de los migrantes, en relación con la fluidez del inglés, su educación y sus conocimientos, así como los recursos necesarios para trabajar en Estados Unidos.

En relación con los jóvenes de origen mexicano en Estados Unidos, Charles Hirschman (2001) destaca que el problema más serio de la no incorporación educacional en ese país ocurre

---

[8] En un estudio elaborado por Driscoll (1999) se examina la relación entre generaciones de migrantes y abandono de *high school* entre estudiantes hispanos, en el que se muestra que la posibilidad de abandonar la escuela al poco tiempo de ingresar es similar entre todas las generaciones de migrantes.

entre los mexicanos, en especial los que migraron a la Unión Americana después de iniciar la escuela en México. Cabe señalar que la permanencia en la escuela se vuelve más difícil conforme avanza la edad, ya sea por la disponibilidad de recursos materiales para hacerlo, por el costo de oportunidad que puede representar, o incluso por los intereses, gustos, capacidades y proyectos de vida de los propios jóvenes (Camarena, 2004).

Características generales de los jóvenes de origen mexicano en Estados Unidos

De los jóvenes de origen mexicano en Estados Unidos que había en 2003, el 53.2 por ciento eran hombres y el 46.8 por ciento mujeres; a su vez, para la primera, 1.5 y segunda generaciones se presenta similar comportamiento (cuadro 5). En relación con su estado civil se destaca que la mayor parte de los jóvenes (de las distintas generaciones y del grupo de comparación), eran solteros, lo que en parte se explica por el grupo de edad que se toma como referencia (15 a 24 años). Es importante destacar que el mayor porcentaje de casados lo tiene la primera generación, este resultado es esperable, pues la mayoría de jóvenes que migran a estas edades lo hacen con la finalidad de encontrar trabajo debido a las responsabilidades que tienen como jefes de familia.

Al analizar el nivel educativo, se observa que la mayor parte de la población de jóvenes mexicanos tiene estudios menores a *high school*, acentuándose los porcentajes para la primera y 1.5 generaciones. Cabe destacar que estos jóvenes pueden aún estar cursando los niveles de *high school* debido al rango de edad en el que se encuentran.

Con respecto al estatus socioeconómico de los jóvenes de origen mexicano de las distintas generaciones, se tiene que a

Cuadro 5

CARACTERÍSTICAS DE LOS JÓVENES (15 A 24 AÑOS) DE ORIGEN MEXICANO Y DEL GRUPO DE COMPARACIÓN EN ESTADOS UNIDOS, 2003.

| | Población general | | Población de origen mexicano | | | | | | Grupo de comparación | |
| | | | 1a generación | | 1.5 generación | | 2a generación | | | |
	%	Absolutos	%	Absolutos	%	Absolutos	%	Absolutos	%	Absolutos
Sexo										
Hombre	53.2	2'467,092	59.2	797,023	54.2	204,341	51.2	708,473	50.0	15'605,690
Mujer	46.8	2'170,691	40.8	548,574	45.8	172,686	48.8	675,422	50.0	15'606,985
Estado civil										
Casados	17.1	794,044	29.2	393,456	10.8	40,872	11.8	162,843	7.8	2'436,187
Nunca casados	80.7	3'743,946	68.0	914,522	87.4	329,385	86.3	1'194,113	90.8	28'330,502
Viudo, divorciado o separado	2.2	99,793	2.8	37,617	1.8	6,771	1.9	26,939	1.4	445,985
Nivel educativo										
Menos de high school	57.9	2'684,638	65.3	878,528	68.4	257,819	55.1	762,840	45.2	14'115,097
High school	23.6	1'095,287	26.1	351,271	16.8	63,241	22.3	308,143	20.5	6'411,003
Más de high school	18.5	857,857	8.6	115,797	14.8	55,967	22.6	312,911	34.2	10'686,574
Estatus socioeconómico										
Debajo de la línea de bajo ingreso	22.1	1'027,056	28.4	381,607	32.3	121,768	18.2	251,873	14.0	4'385,268
En la línea o 24 por ciento arriba	8.5	396,099	9.8	131,442	9.8	37,093	9.6	132,980	4.2	1'318,374

Cuadro 5 (Continuación)

	Población de origen mexicano								Grupo de comparación	
	Población general		1a generación		1.5 generación		2a generación			
	%	Absolutos	%	Absolutos	%	Absolutos	%	Absolutos	%	Absolutos
Entre 25 y 49 por ciento arriba	9.0	419,270	10.3	138,277	8.5	31,859	8.9	123,813	4.6	1'444,044
50% o arriba	60.3	2'795,358	51.6	694,270	49.4	186,307	63.2	875,228	77.1	24'064,988
Asistencia escolar										
No están en el universo	10.6	493,509	4.3	58,047	15.6	58,867	13.4	185,423	11.0	3'431,079
Sí	37.2	1'724,173	18.5	249,461	47.0	177,379	48.7	674,182	52.5	16'386,678
No	52.2	2'420,101	77.1	1'038,088	37.3	140,780	37.9	524,289	36.5	11'394,918
Inscrito a high school o college										
No están en el universo	62.8	2'913,610	81.5	1'096,135	53.0	199,648	51.3	709,712	47.5	14'825,997
High school	23.4	1'084,371	13.4	180,407	34.8	131,085	29.3	405,164	27.6	8'609,482
College o university	13.8	639,802	5.1	69,055	12.3	46,294	19.4	269,018	24.9	7'777,196
Trabajo										
No trabaja	52.6	2'439,617	43.1	580,550	63.8	240,651	59.2	819,014	52.0	16'234,211
Trabaja	47.4	2'198,166	56.9	765,046	36.2	136,375	40.8	564,880	48.0	14'978,463
Total	100.0	4'637,783	100.0	1'345,596	100.0	377,026	100.0	1'383,894	100.0	31'212,674

Fuente: Cálculos propios con datos de la Current Population Survey 2003.

pesar de la mayor parte de ellos se encontraba 50 por ciento por encima de la línea de pobreza, siguen teniendo desventajas cuando se comparan con los porcentajes del grupo de nativos, pues un mayor porcentaje de este grupo se encuentra en mejor posición socioeconómica (cuadro 5).

En cuanto a la asistencia escolar (cuadro 5), quienes presentan una menor asistencia son los jóvenes de primera generación en relación con las otras generaciones, siendo hasta cierto punto un resultado entendible, ya que, como se ha mencionado, por lo general estos jóvenes migran para buscar trabajo y no para estudiar. De los jóvenes de origen mexicano que asisten a la escuela, quienes están en mayor medida en *high school*, son los 1.5 y segunda generaciones. Incluso se podría decir que éstas generaciones de jóvenes de origen mexicano tienen similar comportamiento al grupo de comparación, en lo referente a la asistencia a la escuela.

La situación laboral de los jóvenes de origen mexicano varía entre generaciones (cuadro 5), siendo los de primera generación los que trabajan en mayor proporción, en comparación con los jóvenes de las otras generaciones. Lo anterior puede ser explicado de nuevo de nuevo porque estos jóvenes tienen como principal objetivo migrar para insertarse en el mercado laboral.

ESCOLARIDAD DE LOS JÓVENES DE ORIGEN MEXICANO EN ESTADOS UNIDOS

Algunos estudios han señalado que la población estadounidense de origen hispano es el grupo que presenta las más altas tasas de deserción escolar[9] y los más bajos niveles de escolaridad y,

---

[9] Deserción escolar es definida como aquellos estudiantes que dejan la escuela por primera vez antes de recibir el certificado de *high school* (Entwisle & Alexander, 2004).

entre ellos, quienes muestran las mayores desventajas educativas son los de origen mexicano (Levine, 2001). Por otro lado, diversos estudios sugieren que los migrantes y sus descendientes registran en general altas tasas de abandono escolar y bajas calificaciones durante la etapa de *high school* (Giorguli, White & Glick, 2003).

De manera general se puede decir, para la población de origen mexicano, que tanto hombres como mujeres tienen un alto porcentaje de no asistencia escolar. Al distinguir por generación se observa que, en la primera generación, existe una mayor proporción de jóvenes que no asisten a la escuela; mientras que en la 1.5 y segunda generaciones, la proporción de jóvenes que acuden a la escuela se incrementa notablemente. Cabe decir que, en todos los casos, son las mujeres quienes muestran mayores porcentajes de asistencia escolar, incluso los porcentajes de las jóvenes mexicanas que van a la escuela son mayores a las de las jóvenes nativas (cuadro 6).

Con respecto al estado civil (cuadro 6), se observa que los casados (para los distintos grupos) son los que tienen mayores porcentajes de inasistencia escolar; siendo los solteros los que se incorporan en mayor medida a la escuela, excepto para la primera generación, lo cual en parte se puede explicar, como se ha dicho antes, por la incorporación de estos jóvenes al mercado laboral.

Cuando se analiza la asistencia a la escuela y el estatus socioeconómico, se observa que para la población de mexicanos sólo un poco más de la tercera parte de los que se encuentran por debajo de la línea de pobreza asisten a la escuela, mientras que los que están por encima de la línea de pobreza, cerca del 40 por ciento asiste a la escuela. Cabe destacar, que en cuanto a los nativos, cerca de la mitad de su población, tanto de los

Cuadro 6

ASISTENCIA ESCOLAR Y CARACTERÍSTICAS DE LOS JÓVENES (15 A 24 AÑOS) DE ORIGEN MEXICANO Y DEL GRUPO DE COMPARACIÓN EN ESTADOS UNIDOS, 2003

	Población de origen mexicano									
	Población general				1a generación				1.5 generación	
	Sí asiste		No asiste		Sí asiste		No asiste		Sí asiste	
	%	Absolutos	%	Absolutos	%	Absolutos	%	Absolutos	%	Absolutos
Sexo*										
Hombre	37.5	821,254	62.5	1'369,547	15.4	116,843	84.6	642,320	48.8	81,094
Mujer	46.2	902,920	53.8	1'050,554	25.1	132,618	74.9	395,768	63.3	96,285
Estado civil*										
Casado	8.7	67,109	91.3	705,334	5.4	21,359	94.6	370,640	12.5	4,638
Soltero	50.1	1'643,280	49.9	1'634,565	26.5	228,102	73.5	631,234	61.8	169,616
Viudo, divoriciado o separado	14.7	13,784	85.3	80,202			100.0	36,215	46.2	3,125
Estatus socioeconómico*										
Abajo de la línea de bajo ingreso	37.3	340,441	62.7	572,850	43.0	89,367	57.0	118,236	57.5	57,177
En la línea o 24 por ciento arriba	39.4	137,042	60.6	210,389	5.9	16,806	94.1	267,055	75.1	22,856

Cuadro 6 (Continuación)

	Población de origen mexicano									
	Población general				1a generación				1.5 generación	
	Sí asiste		No asiste		Sí asiste		No asiste		Sí asiste	
	%	Absolutos	%	Absolutos	%	Absolutos	%	Absolutos	%	Absolutos
Entre 35 y 49 por ciento arriba	38.6	143,648	61.4	228,195	18.7	25,052	81.3	109,275	52.9	14,602
50% arriba	43.9	1'103,042	56.1	1'408,666	17.6	118,236	82.4	551,868	51.5	82,744
Trabajo*										
No trabaja	59.8	1'176,934	40.2	789,713	35.6	187,184	64.4	338,536	74.1	135,051
Trabaja	25.1	547,240	74.9	1'630,388	8.2	62,277	91.8	699,551	31.1	42,328
Inscrito a high school o college**										
No está en el universo			100.0	2'420,101			100.0	1'038,088		
High school	62.9	1'084,371			72.3	180,407			73.9	131,085
College o university	37.1	639,802			27.7	69,055			26.1	46,294
Tiempo en la escuela**										
No está en el universo			100.0	2'420,101			100.0	1'038,088		
Tiempo completo	85.3	1'470,195			82.6	206,142			87.3	154,856
Tiempo parcial	14.7	253,978			17.4	43,320			12.7	22,523

Población de origen mexicano

| | 1.5 generación | | 2a generación | | | | Grupo de comparación | | | |
| | No asiste | | Sí asiste | | No asiste | | Sí asiste | | No asiste | |
	%	Absolutos	%	Absolutos	%	Absolutos	%	Absolutos	%	Absolutos
Sexo*										
Hombre	51.2	85,077	52.6	317,510	47.4	286,375	58.1	8'048,515	41.9	5'796,942
Mujer	36.7	55,704	60.0	356,673	40.0	237,914	59.8	8'338,162	40.2	5'597,976
Estado civil*										
Casado	87.5	32,490	10.9	17,166	89.1	139,672	17.7	414,320	82.3	1'932,688
Soltero	38.2	104,645	63.9	649,661	36.1	366,519	63.4	15'885,226	36.6	9'172,512
Viudo, divorciado o separado	53.8	3,646	28.9	7,355	71.1	18,097	23.1	87,131	76.9	289,718
Estatus socioeconómico*										
Abajo de la línea de bajo ingreso	42.5	42,334	52.9	111,458	47.1	99,136	49.3	1'968,364	50.7	2'026,357
En la línea o 24 por ciento arriba	24.9	7,598	58.4	65,709	41.6	46,808	53.1	608,130	46.9	536,915
Entre 35 y 49 por ciento arriba	47.1	13,025	59.9	63,558	40.1	42,502	48.9	645,626	51.1	674,929
50 por ciento arriba	48.5	77,824	56.3	433,497	43.7	335,843	61.7	13'164,558	38.3	8'156,718
Trabajo*										
No trabaja	25.9	47,111	72.8	467,115	27.2	174,272	74.3	9'693,344	25.7	3'360,136

Cuadro 6 (Continuación)

	Población de origen mexicano						Grupo de comparación			
	1.5 generación		2a generación							
	No asiste		Sí asiste		No asiste		Sí asiste		No asiste	
	%	Absolutos	%	Absolutos	%	Absolutos	%	Absolutos	%	Absolutos
Trabaja	68.9	93,670	37.2	207,067	62.8	350,017	45.4	6'693,333	54.6	8'034,782
*Inscrito a high school o college**										
No está en el universo	100.0	140,781			100.0	524,289			100.0	11'394,918
High school			60.1	405,164			52.5	8'609,482		
College o university			39.9	269,018			47.5	7'777,196		
*Tiempo en la escuela**										
No está en el universo	100.0	140,781			100.0	524,289			100.0	11'394,918
Tiempo completo			85.7	577,863			91.6	15'018,324		
Tiempo parcial			14.3	96,320			8.4	1'368,354		

*Los porcentajes están calculados por fila   **Porcentajes calculados por columna
Fuente: Cálculos propios con datos de la Current Population Survey 2003.

que están por abajo y por arriba de la línea de pobreza, asisten a la escuela.

Asimismo, de los que asisten a la escuela, la mayoría (para todos los grupos) se encuentran inscritos en *high school*, lo cual debe ser un efecto del grupo de edad seleccionado (15 a 24 años). Además, quienes asisten a la escuela lo hacen, en mayor medida, de tiempo completo (cuadro 6).

OCUPACIÓN DE LOS JÓVENES DE ORIGEN MEXICANO EN ESTADOS UNIDOS

Hasta ahora hemos mostrado algunas características de los jóvenes y su nivel educativo. No obstante, también resulta importante conocer su situación laboral, ya que como mencionamos, es un indicador de asimilación socioeconómica. Como se sabe, el mercado de trabajo no es homogéneo, sino que se encuentra dividido en sectores, con estructuras y características distintas entre sí. A diferencia de otros países, en Estados Unidos, el nivel de escolaridad sigue desempeñando un papel fundamental para acceder a cierto tipo de empleos.

De acuerdo con algunos autores (Suárez, 1996), el mercado laboral se puede dividir en dos grandes sectores: el primario y el secundario, en los cuales los trabajadores y patrones actúan de acuerdo con normas de conducta diferentes en cada uno de ellos y que muestran rasgos distintivos e identificables. Según esta postura, el mercado laboral primario se caracteriza por trabajos con sueldos altos, condiciones de trabajo estables y seguridad en el empleo. En el secundario, en cambio, los sueldos son menos atractivos y las condiciones de trabajo son deficientes.

A su vez, la oferta de trabajo opera diferencialmente para hombres y mujeres, porque depende de cómo los empleadores evalúen el género en la perspectiva de los trabajadores. Por ejemplo, hasta hace muy poco tiempo los hombres eran favorecidos sobre las mujeres para los mejores trabajos, mientras que ellas eran clasificadas para trabajos considerados propios de su sexo (recepcionistas o enfermeras). Esas preferencias se basaban en creencias y estereotipos acerca de las diferencias del sexo en la productividad y costos de trabajo así como prejuicios acerca de que las mujeres tienen bajos niveles de compromisos en el mercado de trabajo. Últimamente, la persistencia de la segregación del sexo en los lugares de trabajo implica que hombres y mujeres están destinados a ofertas de trabajo separadas (Tienda, Guzmán & Donato, 1991). Aunado a lo anterior se agrega, para los jóvenes de origen mexicano, su condición (para algunos) de migrantes, su educación, la discriminación racial, entre otros. Tales factores influirán tanto en su incorporación al trabajo como en la actividad que desempeñen en Estados Unidos.

En lo que se refiere a la ocupación de los jóvenes de origen mexicano (cuadro 7), se puede decir que éstos se encuentran principalmente como trabajadores de servicios semicalificados y en menor medida como obreros. Los jóvenes de primera generación se ubican como trabajadores de servicios y obreros, principalmente. Para la generación 1.5, las ocupaciones que tienen los mayores porcentajes son las de servicios, obreros y trabajadores de oficina. En la población de segunda generación los servicios es una de sus ocupaciones principales, seguida por el trabajo como vendedores y oficinistas. Cabe señalar que las ocupaciones de ejecutivos y profesionales, para los jóvenes de origen mexicano de las distintas generaciones, están por debajo de los porcentajes de los nativos.

Cuadro 7

OCUPACIÓN DE LOS JÓVENES ACTIVOS (15 A 24 AÑOS) DE ORIGEN MEXICANO Y DEL GRUPO DE COMPARACIÓN EN ESTADOS UNIDOS, 2003. OCUPACIÓN DE JÓVENES (15 A 24 AÑOS) DE ORIGEN MEXICANO

| | Población general | | Población de origen mexicano | | | | | | Grupo de comparación | |
| | | | 1a generación | | 1.5 generación | | 2a generación | | | |
	%	Absolutos	%	Absolutos	%	Absolutos	%	Absolutos	%	Absolutos
Ejecutivos	1.3	29,335	0.7	5,200	1.5	2,046	0.6	3,447	2.4	365,691
Profesionales	3.1	68,892	1.1	8,652	0.3	343	5.6	31,779	5.1	759,493
Técnicos	7.9	173,785	2.6	19,840	7.5	10,284	11.7	66,318	12.5	1'878,011
Vendedores	13.6	298,936	6.2	47,190	15.8	21,513	20.6	116,495	17.5	2'615,756
Trabajadores de oficina	14.3	313,616	4.9	37,376	20.5	28,002	18.0	101,635	15.6	2'342,741
Obreros y trabajadores especializados	19.1	420,187	30.3	231,986	23.9	32,598	12.3	69,689	10.0	1'497,785
Trabajadores de servicios semicalificados	30.6	671,960	38.3	293,301	23.3	31,834	23.2	131,303	29.3	4'394,149
Trabajadores de transporte semicalificados	7.5	165,347	10.9	83,389	3.3	4,520	6.8	38,550	6.5	971,685
Trabajadores agropecuarios	2.6	56,107	5.0	38,112	3.8	5,236	1.0	5,664	1.0	153,151
Total	100.0	2'198,165	100.0	765,046	100.0	136,376	100.0	564,880	100.0	14'978,462

Fuente: Cálculos propios con datos de la Current Population Survey 2003.

ESCOLARIDAD Y OCUPACIÓN DE LOS JÓVENES DE ORIGEN MEXICANO EN ESTADOS UNIDOS

Diversos estudios señalan que, en términos generales, a mayor nivel de instrucción formal se obtendrá una mejor ocupación. En el caso de los jóvenes de origen mexicano este señalamiento no es la excepción, aunque el acceso a mejores ocupaciones, cuando se tiene mayor nivel educativo, es menor comparado con los nativos (cuadro 8).

Cuadro 8

OCUPACIÓN DE LOS JÓVENES ACTIVOS (15 A 24 AÑOS) DE ORIGEN MEXICANO Y DEL GRUPO DE COMPARACIÓN EN ESTADOS UNIDOS, SEGÚN NIVEL DE INSTRUCCIÓN, 2003.

	Nivel educativo					
	Menos de high school		*High school*		*Más de high school*	
Población de origen mexicano	*%*	*Absolutos*	*%*	*Absolutos*	*%*	*Absolutos*
Ejecutivo	0.1	1,241	1.9	13,869	2.5	14,226
Profesionales	0.5	4,858	2.4	17,349	8.3	46,684
Técnicos	2.4	21,979	7.9	58,268	16.7	93,537
Vendedores	13.5	121,877	11.1	81,502	17	95,557
Trabajadores de oficina	5.8	52,736	17.8	130,111	23.3	130,769
Obreros y trabajadores especializados	27.6	249,745	20.3	148,814	3.9	21,627
Trabajadores de servicio semicalificados	36.7	331,957	28.1	205,882	23.9	134,121
Trabajadores de transporte semicalificados	8.3	75,327	9.4	68,603	3.8	21,418
Trabajadores agropecuarios	4.9	44,711	1.2	8,616	0.5	2,781
Total	100	904,431	100	733,014	100	560,720

Población de origen mexicano	Nivel educativo					
	Menos de high school		High school		Más de high school	
	%	Absolutos	%	Absolutos	%	Absolutos
Población de origen mexicano de 1a generación						
Ejecutivo	0.3	1,241	1.6	3,959		
Profesionales	0.5	2,330	1.7	4,101	3.5	2,220
Técnicos	0.8	3,662	3.7	8,994	11.3	7,185
Vendedores	5.8	26,505	4.5	10,784	15.5	9,902
Trabajadores de oficina	2.7	12,615	5.8	13,860	17.1	10,901
Obreros y trabajadores especializados	35.7	164,225	23.3	56,060	18.3	11,701
Trabajadores de servicio semicalificados	36.1	166,373	46.6	112,111	23.2	14,817
Trabajadores de transporte semicalificados	10.9	50,195	12	28,837	6.8	4,357
Trabajadores agropecuarios	7.3	33,394	0.8	1,937	4.4	63,864
Total	100	460,540	100	240,641	100	63,864
Población de origen mexicano de 1.5 generación						
Ejecutivo			4.8	2,046		
Profesionales			0.8	343		
Técnicos	4.4	2,668	4	1,686	18.1	5,930
Vendedores	10.4	6,351	21	8,934	19	6,228
Trabajadores de oficina	9.2	5,640	17	7,214	46.2	15,149
Obreros y trabajadores especializados	35.7	21,534	26	11,064		
Trabajadores de servicio semicalificados	33.5	20,442	13.9	5,908	16.7	5,484
Trabajadores de transporte semicalificados			10.6	4,520		
Trabajadores agropecuarios	7.2	4,404	2	832		
Total	100	61,039	100	42,547	100	32,791

Cuadro 8 (Continuación)

	Nivel educativo					
	Menos de high school		*High school*		*Más de high school*	
Población de origen mexicano	%	*Absolutos*	%	*Absolutos*	%	*Absolutos*
Población de origen mexicano de 2a generación						
Ejecutivo			1.6	2,976	0.2	471
Profesionales	0.5	923	2.8	5,140	13	25,716
Técnicos	7.5	13,493	11.2	20,997	16.1	31,828
Vendedores	27.5	49,674	18.2	33,949	16.7	32,872
Trabajadores de oficina	9.3	16,737	21.3	39,696	22.9	45,202
Obreros y trabajadores especializados	18.2	32,916	16.2	30,240	3.3	6,534
Trabajadores de servicio semicalificados	27.4	49,591	20.8	38,782	21.8	42,930
Trabajadores de transporte semicalificados	7.9	14,341	6.6	12,399	6	11,809
Trabajadores agropecuarios	1.7	3,128	1.4	2,537		
Total	100	180,803	100	186,716	100	197,362
Grupo de comparación						
Ejecutivo	0.6	22,687	2.2	90,943	3.6	252,060
Profesionales	0.7	25,684	2.3	94,415	9.1	639,395
Técnicos	6.3	241,050	9.9	406,991	17.5	1'229,969
Vendedores	21.2	812,555	17.3	714,977	15.5	1'088,224
Trabajadores de oficina	11.5	439,832	15.3	632,097	18.1	1'270,812
Obreros y trabajadores especializados	9.7	371,753	16.9	694,807	6.1	431,226
Trabajadores de servicio semicalificados	40	1534,275	26.2	1'080,477	25.4	1'779,397
Trabajadores de transporte semicalificados	7.9	304,695	9	372,258	4.2	294,732
Trabajadores agropecuarios	2.3	87,744	0.8	3,448	0.4	30,958
Total	100	3'840,275	100	41'211,413	100	7'016,773

Fuente: Cálculos propios con datos de la Current Population Survey 2003.

Al analizar esto por generaciones, la primera sigue teniendo la mayor desventaja, los cambios en la ocupación son menores comparados con las demás generaciones. Por otro lado, es importante destacar que, a diferencia de la 1.5 y segunda generaciones, la primera tiene jóvenes con estudios menores a *high school* en ocupaciones de ejecutivos; aunque, en esta misma ocupación, la primera generación no tiene representación de jóvenes con estudios posteriores a *high school*.

La generación 1.5 tiene representación en las ocupaciones de ejecutivos y profesionales con jóvenes que tienen sólo estudios de *high school*. Esta misma generación, comparada con las demás generaciones y los nativos, tiene el mayor porcentaje de jóvenes con estudios posteriores a *high school* insertos como trabajadores de oficina.

La segunda generación tiene un comportamiento similar a los nativos, aunque los cambios a las mejores ocupaciones son menores. En esta generación, al igual que en la 1.5, desaparece la representación de jóvenes con estudios posteriores a *high school* en ocupaciones de trabajadores agropecuarios; al igual que la representación en ocupaciones como obreros y trabajadores especializados tiende a ser baja o nula.

Reflexiones finales

La migración de mexicanos hacia Estados Unidos no es nueva; las modalidades que ha adoptado dicho fenómeno han sido variadas en distintas etapas históricas. Uno de estos cambios es el establecimiento de los migrantes y sus familias en el país receptor. Esto, como se ha mencionado, trae consigo diversas implicaciones, sobre todo para los descendientes de los migrantes, pues serán ellos los que tendrán que integrarse al sistema educativo y laboral del país de llegada. Al respecto se ha visto aquí, como en otras investigaciones, que los mexicanos de distintas generaciones tienen bajos logros educativos y se insertan en ocupaciones de baja calidad.

El panorama mencionado por lo general se traduce en una escasa movilidad social para el grupo de mexicanos, pues los bajos ingresos derivados de las ocupaciones en las que se ubica esta población implican la inserción de sus descendientes en escuelas con poca infraestructura y baja calidad educativa, limitándose su acceso a empleos mejor remunerados. Esto se convierte en una especie de círculo vicioso que les impide tener movilidad social ascendente a las distintas generaciones de origen mexicano. Todo ello pareciera ser la antesala de un proceso que conducirá a su menor asimilación. Cabe decir que, más allá de la segregación observada por la sociedad americana hacia los latinos, la población de origen mexicano podría llevar a cabo procesos de auto-discriminación a causa de la falta de dominio del idioma inglés, su color de piel, la pertenencia a estratos socioeconómicos bajos y/o su condición de residencia (legal o ilegal). Es decir, cualquiera de estos elementos podría desencadenar sentimientos de inferioridad en relación con los grupos dominantes y limitar la integración de los mexicanos a la sociedad receptora.

REFERENCIAS

Camarena Córdova, R.M. (2004). Actividades domésticas y extradomésticas de los jóvenes mexicanos. En M. Ariza, O. De Oliveira. *Imágenes de la familia en el cambio de siglo*. México: Instituto de Investigaciones Sociales de la Universidad Autónoma de México (IISUNAM).

Castillo, M.A. (1995). Tendencias recientes de la migración en América Latina. En *Perfiles Latinoamericanos*, (6), 71-119.

Castles, S. y Miller, M. (1993). *The Age of Migration Internatio-nal Population Movements in the Modern World*. Nueva York: The Guilford Press.

Census Bureau (2005). *Statistical Abstract of the United States: 2004-2005*. The National Data Book.

Farley, R. y Alba, R. (2002). The New Second Generation in the United States. En *International Migration Review*, 36(3), 669-701.

Fry, R. (2005). The higher dropout rate of foreign-born teens: the role of schooling abroad. *Pew Hispanic Center*.

Gammage, S. y Schmitt, J. (2004). *Los inmigrantes mexicanos, salvadoreños y dominicanos en el mercado laboral estadouniden-se: las brechas de género en los años 1990 y 2000*. CEPAL. Serie estudios y perspectivas 26.

Giorguli, S.; White, M. y Glick, J. (2003). *Between family, job responsibilities and school. Generation, status, ethnicity and di-fferences in the routes out of school*.

Greenlees, C.S. y Saenz, R. (1999). Determinants of employ-ment of recently arrived Mexican immigrant wives. En *In-ternational Migration Review*, 33(2), 354-377.

Gómez de León, J. y Tuirán, R. (2000). Patrones de continui-dad y cambio de la migración hacia Estados Unidos. En R. Tuirán (coord.). *Migración México-Estados Unidos. Presente y Futuro*. Consejo Nacional de Población.

Hirschman, C. (2001). The educational enrollment of inmi-grant youth: a test of the segmented assimilation hypothe-sis. En *Demography*, 38(3), 317-336.

Levine, E. (2001). *Los nuevos pobres de Estados Unidos: los hispa-nos*. México, Miguel Ángel Porrúa.

Massey, D. *et al*. (2000). Teorías sobre la migración internacio-nal: una reseña y una evaluación. En *Trabajo*, (3), 5-49.

Neidert, L. y Farley, R. (1985). Assimilation in the United States: an analysis of ethnic and generation differences in status and achievement. En *American Sociological Review*, 50(6), 840-850.

Pizarro, J. (2000). *Migración internacional de jóvenes latinoamericanos y caribeños: protagonismo y vulnerabilidad*, Santiago de Chile, CEPAL, Serie Población y Desarrollo, núm. 3.

Portes, A. (2000). *Un diálogo norte-sur: el progreso de la teoría en el estudio de la migración internacional y sus implicaciones.* Princeton University.

Rumbaut, G.R. (1997). Assimilation and its discontents: ironies and paradoxes. En *International Migration Review*, 31(4), 173-192. *Special Issue: Immigrant Adaptation and Native Born Responses in the Making of Americans.*

Schmid, L.C. (2001). Educational achievement, language-minority students, and the new second generation. En *Sociology of Education, 74*, 71-87.

Suárez, H. (1996). *Educación-empleo en México: Elementos para un juicio político*, Miguel Ángel Porrúa.

Tienda, M. y Wilson, F. (1992). Migration and the Earnings of Hispanic Men. En *American Sociological Review*, 57(5), 661-678.

_____ y L.Ding-Tzann (1987). Minority Concentration and Earnings Inequality: Blacks, Hispanics, and Asians compared. En *The American Journal of Sociology*, 93(1), 141-165.

Zúñiga, V. (2003). *Migrantes internacionales de México a Estados Unidos: hacia la creación de políticas educativas binacionales*, Universidad de Monterrey-Universidad de Versalles.

Entre la inclusión y la exclusión: los jóvenes ante el mundo laboral y el educativo

Emma Liliana Navarrete López

INTRODUCCIÓN

Las problemáticas que hoy viven los jóvenes no son privativas de un país o un continente: la violencia,[1] la búsqueda constante de trabajo, la inestabilidad laboral, la vida en la contingencia y la poca certeza ante el futuro, son situaciones comunes para un amplio grupo de jóvenes. Pero no todos los sectores juveniles viven con la misma intensidad estos problemas, no todos los jóvenes son iguales ni todos cuentan con el mismo capital social.

La incursión en la escuela y el trabajo son dos dimensiones que tocan la vida juvenil, pero a veces se transita en ellas por caminos sinuosos y diversos: los jóvenes más privilegiados (los menos) podrán seguramente insertarse con éxito, permanecer más tiempo en la vida educativa e incursionar con menos problemas en la laboral; los menos privilegiados (los más en volumen) tendrán mayor dificultad para insertarse en instituciones que les ofrezcan espacios de inclusión con ventajas educativas y laborales además, es probable que queden cautivos en un empobrecimiento estructural.

---

[1] En el caso de México, Reguillo menciona, con base en el seguimiento en la prensa, que del total de casos vinculados con la delincuencia en el país, en el 70 por ciento aparece la participación de jóvenes de menos de 25 años (Reguillo, 2010, p. 37).

En este documento se parte de que la escuela y el trabajo son dos de las instancias en los que los jóvenes se mueven y que los unifican. Por una parte, la escuela, además de dar herramientas y valores, es uno de los pilares para la cohesión social; por la otra, el trabajo, además de ser uno de los mecanismos más importantes para obtener recursos y para conseguir los medios de subsistencia para la vida es una de las instituciones de integración social.

Esta diada (escuela-trabajo) ha ido perdiendo relación; los jóvenes, incluso los más escolarizados, hoy día se enfrentan a mercados económicamente deprimidos que los golpean de manera significativa.[2] La situación laboral mundial de los jóvenes es crítica y segmentada; por eso, se introdujo dentro de los Objetivos y las Metas del Milenio una meta de empleo productivo y trabajo decente para todos, incluyendo en específico a mujeres y jóvenes (Weller, 2007, p. 63). El considerar de manera particular a los jóvenes dentro de la meta denominada por la OIT como trabajo decente es sintomático y se origina por las características precarias que han marcado la presencia de los y las jóvenes en el mercado.[3]

Si bien la generalidad señala que la inserción laboral prematura, precaria y el abandono escolar son elementos que pueden truncar una trayectoria hacia la inclusión vía un buen trabajo, esta situación no es vivida de igual manera por todos los jóve-

---

[2] La precariedad entre los jóvenes es elevada, en 2009 en toda América Latina —según la OIT—, solamente 10 por ciento de los jóvenes que trabajan tenía un empleo, seguridad médica y contratos estables de trabajo; además, el desempleo —según la misma organización— es la cara más visible de las desventajas laborales juveniles (OIT, 2010, p. 6-8).

[3] El concepto de "trabajo decente" se enmarca, según la OIT, en cuatro objetivos: a) el pleno empleo, b) los mejores niveles de seguridad, c) el respeto a los principales derechos en el trabajo y d) el reforzamiento del diálogo social: es decir, atender "qué tipos de trabajos hace la gente, a cambio de qué remuneración, en cuáles condiciones de estabilidad y seguridad y de qué derechos laborales gozan" (Fields, 2003, p. 263).

nes.[4] La heterogeneidad juvenil impide hablar de un solo camino, de una sola intensidad: a los jóvenes los atraviesa la diversidad y la desigualdad; según el contexto individual y familiar, la forma de acercarse al mercado, el rezago y el abandono escolar ocurrirá de distinta manera, la exclusión que se pueda sufrir estará marcada por las estructuras de las cuales se proviene.

El objetivo de lo que aquí se presenta es conocer las características de los jóvenes que en 2008 incursionaban en la escuela y el trabajo, en ambas actividades de manera simultánea o bien, en ninguna de ella, asumiendo que la salida de la escuela o del trabajo implica que los jóvenes se desliguen de espacios formadores y entren al terreno de la exclusión.

Se parte de dos premisas:

i) La escuela y el trabajo son dos de las instancias que permiten que los jóvenes entren o salgan de la pobreza y la exclusión;
ii) Esta posibilidad es diferencial y las diferencias radican en las características individuales, familiares y económicas de los jóvenes.

Por lo tanto, en una sociedad fragmentada como la mexicana, los jóvenes pasan por y abandonan el trabajo y la escuela de diferente manera a partir de sus propias experiencias y de sus propios contextos familiares y sociales: los riesgos de abandonar estas dos instancias integradoras ocurrirá de manera diferenciada a partir de las condiciones individuales y familiares de los y las jóvenes.

Para conocer las diferencias en torno a la presencia de los jóvenes en el estudio y el trabajo se utilizarán cifras de la Encuesta Nacional de Ocupación y Empleo de 2008 (ENOE, 2008). Se selec-

---

[4] El desarrollo de capacidades es desigual debido a las oportunidades diferenciadas que tienen los jóvenes, (incluso ligadas al sexo, la raza, la edad); otros elementos que interfieren son los embarazos no deseados a edades tempranas o los entornos familiares o sociales inadecuados (OIT, 2010; CEPAL/OIJ, 2008).

cionará al grupo de estudio: jóvenes de 15 a 24 años, la información se presentará siempre por grupos de edad (15-19 y 20-24)[5] y por sexo. Para el grupo de 20 a 24 años se considerarán sólo aquellos jóvenes que no son jefes de hogar, con el objeto de tener una población que no ha asumido aún responsabilidades familiares y económicas producto de una nueva familia en formación.[6] Se seccionará este universo a partir de cuatro distintas situaciones en función de los dos pilares que guían este documento.

Así, se tendrán cuatro grupos de jóvenes, aquellos que: i) estudian y no trabajan, ii) estudian y trabajan, iii) no estudian y sí trabajan y iv) no estudian y no trabajan. A partir de estos cuatro subgrupos se analizarán sus características individuales y familiares. Con respecto a las individuales se contemplará la edad, el sexo, el estado civil y el nivel escolar alcanzado; con relación a los rasgos familiares se mostrará el tipo de jefatura, el ingreso y la escolaridad de los padres.

El análisis se realizará primero para cada grupo de edad y después se compararán las diferencias entre ambos grupos etarios, para concluir con una reflexión sobre los hallazgos.

ENTRE ESTUDIAR, TRABAJAR O ¿QUÉ?

Víctor E. Tokman señala que entre los factores que explican la falta de equidad se encuentran: i) la desigualdad en el acceso a

---

[5] Se trata de dos grupos etarios con distintas características; el más joven es un grupo que se esperaría tendría una mayor presencia en el sistema escolar y menor en el trabajo y además estaría más supeditado a la vida familiar y a la mirada paterna. En el caso de los de 20 a 24 años, su presencia en la escuela tiende a ir disminuyendo al igual que su cercanía con las decisiones paternas, y su presencia en el mercado laboral se incrementaría. Se supone que es un grupo más autónomo, aunque continúa conformando el universo juvenil.

[6] En el caso de los varones, corresponden al 18 por ciento del total de los hombres de 20 a 24 años. En el caso de las mujeres, corresponden al 27.7 por ciento aquellas que reportaron ser jefas o compañeras.

las oportunidades educacionales y ii) el bajo rendimiento de los mercados de trabajo (Tokman, 2004, p. 324).

Con relación a las oportunidades educativas, éstas permiten el desarrollo del capital humano, facilitan la entrada a mejores puestos en el mercado laboral y durante mucho tiempo participar de ellas fue un elemento fundamental de la movilidad social. En el último decenio en América Latina, aunque se ha universalizado la obligatoriedad de la educación básica e incluso se ha aumentado el gasto en este rubro, persiste todavía una alta deserción escolar y una gran inequidad entre los alumnos en función de sus hogares de origen. Los grupos de menores ingresos abandonan con mayor facilidad la escuela, y los que continúan adquieren en general una educación de calidad inferior (Tokman, 2004). México no es la excepción, la meta de universalizar la educación primaria prácticamente se ha cumplido (97 por ciento en 2005); queda, sin embargo, un 3 por ciento que es muy difícil de cubrir, pues se trata de población itinerante y de difícil acceso: jornaleros agrícolas, indígenas y población en áreas rurales dispersas. Respecto a la educación secundaria, en 2005 la tasa de matriculación de los estudiantes de 12 a 14 años fue de 78 por ciento (Schmelkes, 2010). En la educación media superior, la matrícula total de este nivel, para el mismo año, fue de 3.5 millones de alumnos, lo que equivalió al 54.9 por ciento de la población de 16 a 18 años de edad (SEP, 2005). Con relación al nivel superior, en 2003 —según la Asociación Nacional de Universidades e Instituciones de Educación Superior (ANUIES)—, en México la cobertura en licenciatura y posgrado fue de poco menos del 12 por ciento. Conforme se incrementa el nivel escolar, la posibilidad de participar va siendo menor. La entrada a la universidad es una posibilidad sólo para una minoría.

El bajo rendimiento de los mercados de trabajo (segundo factor señalado por Tokman) es determinante para los resultados en materia de pobreza y equidad: el aumento del desempleo, de los empleos precarios y las diferencias salariales elevan la desigualdad y afectan con mayor peso a los hogares más empobrecidos. Por una parte se ha estimado que en América Latina las tasas de desempleo son mayores entre los hogares más pobres y que la población más empobrecida tarda mucho más que los de sectores más favorecidos en encontrar un empleo, aun estando dispuestos a emplearse bajo cualquier circunstancia. Para ellos, los más pobres, la entrada al mercado de trabajo no contribuye a salir de la situación de pobreza ni a aumentar la equidad; por otra parte los pocos empleos de buena calidad y con remuneraciones superiores al promedio son casi exclusivamente ocupados por miembros de familias de altos ingresos (Tokman, 2004, p. 327-328). El panorama mexicano es bastante parecido, en esta última década ocurre un aumento de empleos por cuenta propia y micronegocios, bajo poder adquisitivo para la mayoría y creciente desigualdad en los ingresos a favor de los trabajadores con mayor calificación y, en general, una pérdida de las prestaciones laborales (García, 2009).

La población juvenil no escapa a esta problemática, si la tendencia señala aumento del desempleo, el grupo juvenil duplica —o más— la tasa de desempleo, en cuanto a los ingresos percibidos, existe una gran brecha con relación a las percepciones de los trabajadores adultos. Pero entre el grupo juvenil también aparecen profundas diferencias: los de menor edad y las mujeres ganan menos que los jóvenes adultos, los jóvenes de los hogares más pobres y con menos escolaridad se convierten en los últimos en la fila de los excluidos.

La exclusión/inclusión tiene acepciones diversas, pero en cualquiera de éstas, tiene que ver con el acceso al bienestar, a redes de relaciones y al ejercicio de la ciudadanía.[7] Es en la juven-

---

[7] Ciudadanía política, civil y social, que significa la participación en deliberaciones, el acceso a activos, la afirmación de identidad y la posibilidad de contar con redes que

tud donde se adquiere el capital para insertarse en el mundo del trabajo, se accede a decisiones más autónomas y se ejercen plenos derechos como ciudadanos en la sociedad, por lo que "la suerte de la inclusión (…) depende de este eslabón crucial de la biografía que es el periodo juvenil" (Hopenhayn, 2008, p. 51).

El sentido específico que se otorga en este artículo a la exclusión tiene que ver con estar socialmente excluido de alguno de estos universos —el sistema educativo y el mercado laboral.[8] Pero también se asume que estar al margen sólo de la escuela o de un trabajo que permita un desarrollo de las capacidades (sobre todo cuando se tiene la formación académica y las habilidades para ingresar a él) también es considerado como una situación de exclusión social.

UN UNIVERSO, CUATRO GRUPOS

Tal como se señaló, el universo juvenil será segmentado —en este documento— en cuatro grupos en función de su participación en el trabajo y en la escuela: jóvenes que sólo estudian, jóvenes que combinan el estudio y el trabajo, jóvenes que han abandonado la escuela y sólo se dedican a trabajar y finalmente jóvenes que son económicamente inactivos y no asisten a la escuela.

Las cifras de la ENOE 2008 muestran amplias diferencias según el sexo y la edad entre estos cuatro subgrupos, en la gráfica 1 se evidencia que entre los de menor edad la combinación

---

apoyen el desarrollo del proyecto de vida. Además, desde la perspectiva de desarrollo humano, la inclusión social significa el desarrollo de capacidades para el ejercicio de libertades (Hopenhayn, 2008, p. 51).

[8] Para desenvolverse en las sociedades modernas y no caer en la exclusión o indigencia, se requiere de cierta currícula escolar, de capital cultural y de capital social, lo que se adquiere en la escuela o/y en el trabajo. No participar —cuando se debería participar— en una de estas dos instancias de socialización sin duda coloca a los jóvenes en riesgo.

de estudio y no trabajo es la más voluminosa, mientras que entre los de 20 a 24 años no estudiar, pero sí estar vinculados al mercado laboral es la generalidad. Con respecto al sexo, en el gráfico se aprecia que cuando se involucra el trabajo la mayor presencia es de varones y se observa también que el no estudiar de manera simultánea con el no trabajar es una condición más femenina que masculina.

Gráfica 1
DISTRIBUCIÓN POR CONDICIÓN EDUCATIVA Y LABORAL
SEGÚN GRUPO DE EDAD Y SEXO, MÉXICO 2008

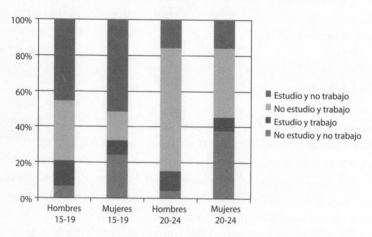

Fuente: Cálculos propios con base en la ENOE 2008, segundo trimestre.

Parecería que existe una correlación entre el sexo y las condiciones de abandono escolar y laboral, pero al contrastar a ambos grupos etarios por sexo y en cada una de las cuatro condiciones, distinguiendo las diferencias por características individuales y familiares y eliminando en el grupo de 20 a 24 años a los jóvenes jefes y a las jóvenes esposas y compañeras, se perfilan diferencias.

Jóvenes de 15 a 19 años

El grupo de 15 a 19 años es un grupo en proceso de formación educativa, con fuertes vínculos con la familia de origen —la gran mayoría (hombres y mujeres) se reporta en la encuesta como hijos e hijas de familia—, este vínculo (que se percibe a partir de la declaración como "hijos" de familia en la ENOE) ocurre tanto entre los jóvenes que estudian y trabajan o que sólo estudian o sólo trabajan; sin embargo, llama la atención que en el grupo de mujeres que señalan no estudiar ni trabajar este fuerte vínculo con la unidad doméstica familiar ahora se establece con nuevas familias en formación, las que tienen hijos o están unidas son quienes engrosan las filas en este subgrupo. Entre las mujeres de este subgrupo de no estudio y no trabajo casi cuatro de cada 10 reportó a la ENOE 2008 estar unida (cuadro 1). Pero distribuidas las mujeres por edad individual ocurren fuertes diferencias: 13 de cada 100 mujeres de 16 años y una de cada cinco de 17 años tienen un hijo; a los 19 años 30 cada 100 jóvenes tiene al menos un hijo y casi 10 de cada 100 tiene dos hijos[9] (cuadro no presentado en el texto), ninguna de ellas estudiaba ni trabajaba. En este caso, para esta población adolescente femenina parece que el abandono escolar y la inactividad tiene que ver con el cambio de roles al iniciar una nueva vida en pareja. Podría decirse que se presenta aquí una primera exclusión por sexo: las mujeres adolescentes con hijos abandonan tanto la escuela como el trabajo; así, quedan a muy temprana edad fuera de estas dos instancias integradoras.

No sólo la llegada de los hijos conlleva a un abandono del estudio y del trabajo, se advierte que desde esta temprana edad la unión inhibe la presencia en la escuela: en la combinación de sí estudio y no trabajo sólo hay 1.1 por ciento de mujeres uni-

---

[9] Se ha señalado un círculo vicioso entre exclusión y fecundidad adolescente, además ésta tiende a ocurrir más en mujeres de escasos recursos (CEPAL/OIJ, s/f).

das, en la combinación de sí estudio-sí trabajo la cifra es de 1.5 por ciento; cuando se involucra el abandono escolar con el sí trabajo la cifra crece al 13 por ciento de unidas y se incrementa a 39.8 por ciento en el grupo de no estudio-no trabajo. Para estas jóvenes, la escuela está desvalorizada, no hay motivos suficientes para esforzarse y permanecer en ella, la vida doméstica con sus múltiples tareas las contiene. Esto no significa que la asistencia al sistema escolar de las mujeres en general haya disminuido, ellas han aumentado su nivel escolar y compiten favorablemente con los varones, pero en este grupo de 15 a 19 años que no estudia ni trabaja, ellas están quedando fuera de una serie de ventajas educativas fundamentales ante los requerimientos laborales y para participar de algunas oportunidades en la sociedad actual.

La educación es el eslabón para articular la integración cultural, la movilidad social y el desarrollo productivo. Una buena formación educativa contribuye a reducir desigualdades a futuro y cortar la reproducción intergeneracional de la pobreza. "Una sociedad con altos niveles de escolaridad y buenos logros educativos tiende a ser más igualitaria en su estructura de ingresos (mediante los retornos laborales a la educación), a contar con mayor cohesión social y a crecer económicamente sobre la base de saltos en productividad y no mediante la sobre-explotación de recursos humanos o naturales" (CEPAL/OIJ, s.f., p. 14). Entre los adolescentes de 15 a 19 años registrados en la ENOE 2008, destaca que la mitad de ellos, en los cuatro subgrupos analizados, se concentra en la secundaria; pero en particular entre los dos subgrupos donde los jóvenes ya no estudian, las cifras indican que el abandono escolar en casi uno de cada cuatro jóvenes ocurrió desde el nivel primaria, mientras que los que sólo estudian o combinan estudio y trabajo han alcanzado niveles más altos de escolaridad: los niveles medio superior y superior. El abandono escolar de estos adolescentes no es reciente, se trata de jóvenes que abandonaron la escuela hace tiempo, por lo que han alcanzado sólo un mínimo nivel escolar. La exclusión para ellos ocurrió hace algunos años y no se presenta sólo entre los que abandonaron la escuela y también el trabajo, sino también entre los que aun teniendo un trabajo ya no asisten a la escuela.

Se sabe que los jóvenes de hoy son más escolarizados que sus padres, con mayor poder de decisión, con destrezas ni imaginadas por sus progenitores en estas sociedades de información, los jóvenes hoy día han desarrollado capacidades que pueden influir positivamente en la generación de ingreso y el consumo. En un trabajo previo en el que buscaba conocer qué elementos incidían en la entrada de los jóvenes al trabajo, mostré que la escolaridad de los padres es un elemento de fuerte influencia. Los padres más escolarizados (analizados vía el tipo de actividad) buscaban inhibir la presencia temprana de sus hijos en el mercado (Navarrete, 2001), además se veía también que el sexo del jefe de hogar era un factor que determinaba a su vez la entrada de los adolescentes al mercado. Los jóvenes cuya familia era jefaturada por una mujer tendían a vincularse más al trabajo y más tempranamente.

En la distribución presentada en el Cuadro 1 (parte inferior), no se aprecian diferencias contundentes con relación al tipo de jefatura, los hogares con jefe mujer en todos los subgrupos analizados corresponden a uno de cada cuatro (igual que la distribución en todo el país). En cuanto al nivel escolar alcanzado por los padres de estos adolescentes, en principio se corrobora que los jóvenes tienen escolaridades más altas que su padre o tutor, pero no se evidencian diferencias de escolaridad de los padres entre los cuatro subgrupos de jóvenes, aunque llama la atención que en el subgrupo de no estudio y no trabajo, sólo en el caso de los varones, se presenta el mayor porcentaje de padres con estudios universitarios. Estos hijos adolescentes que no es-

Cuadro 1

POBLACIÓN DE 15 A 19 AÑOS, DIVERSAS CONDICIONES, SEGÚN ESTUDIO Y TRABAJO, POR SEXO
(PORCENTAJE), MÉXICO, 2008

	Si estudia y no trabaja		Si estudia y si trabaja		No estudia y si trabaja		No estudia y no trabaja	
	hombre	*mujer*	*hombre*	*mujer*	*hombre*	*mujer*	*hombre*	*mujer*
Distribución por grupo	45.6	53.5	62.2	37.8	67.7	32.3	21.2	78.8
Estado civil								
Unión libre	0.1	0.6	0.9	1.1	7.7	7.5	0.8	25.2
Casado	0.1	0.5	0.4	0.4	3.0	5.5	0.3	14.6
Soltero	99.7	98.8	98.6	98.5	89.0	85.7	98.8	59.1
Separado, divorciado o viudo	0.1	0.1	0.1	0.1	0.3	1.3	0.0	1.1
Total	100.0	100.0	100.0	100.0	100.0	100.0	100.0	100.0
Nivel escolar								
Ninguno	0.1	0.0	0.2	0.0	0.1	0.0	0.1	0.1
Primaria	4.2	3.6	6.8	4.6	28.1	21.0	27.6	28.8
Secundaria	51.8	50.9	48.3	41.2	54.8	52.0	53.4	52.2
Medio superior	40.3	42.1	41.3	48.5	14.9	25.4	10.9	14.9
Superior y más	3.4	3.2	3.3	5.7	0.2	0.2	0.4	0.3
No respuesta	0.2	0.2	0.1	0.0	1.9	1.4	7.5	3.7
Total	100.0	100.0	100.0	100.0	100.0	100.0	100.0	100.0

Características familiares

Sexo del jefe								
Hombre	74.4	74.2	76.6	76.6	75.4	75.2	72.7	72.8
Mujer	25.6	25.8	23.4	23.4	24.6	24.8	27.3	27.2
Total	100.0	100.0	100.0	100.0	100.0	100.0	100.0	100.0
Ingreso del jefe								
Hasta un salario	6.5	6.0	5.8	4.2	5.1	7.8	6.3	5.6
Entre uno y dos s.m.	9.5	10.3	8.8	6.6	10.6	10.4	10.1	10.9
Entre dos y tres s.m.	20.0	18.8	18.1	19.9	17.7	17.5	18.6	17.1
Entre tres y cinco s.m.	28.4	29.7	29.0	30.3	30.7	30.8	28.9	31.5
Entre cinco y diez s.m.	26.9	26.7	28.8	30.7	26.7	25.5	26.7	26.7
Más de diez s.m.	8.6	8.4	9.5	8.4	9.2	8.0	9.4	8.4
Total	100.0	100.0	100.0	100.0	100.0	100.0	100.0	100.0
Escolaridad del jefe								
Ninguno	0.2	0.1	0.1	0.2	0.1	0.0	0.2	0.1
Primaria	38.7	38.6	39.3	35.3	39.4	36.4	34.0	39.8
Secundaria	23.6	25.1	24.2	27.6	23.6	26.0	24.1	24.0
Medio superior	18.8	17.5	17.2	17.6	17.8	18.0	19.5	18.0
Superior y más	18.6	18.6	19.2	19.3	18.9	19.2	22.1	18.1
No respuesta	0.1	0.1	0.0	0.0	0.2	0.4	0.1	0.0
Total	100.0	100.0	100.0	100.0	100.0	100.0	100.0	100.0

Fuente: Estimaciones propias con base en Encuesta Nacional de Ocupación y Empleo, 2008, segundo trimestre.

tudian ni trabajan, con padres con la más alta escolaridad parecen estar envueltos, cobijados, en una suerte de moratoria, en espera de mejores oportunidades educativas o laborales y pueden vivir del soporte familiar.

Con el objeto de entender esta situación se llevó a cabo un análisis por edad desagregada (información no mostrada en el texto, pero disponible a consulta) y se encontró que el 24 por ciento de estos casos (de adolescentes que no estudian y no trabajan) corresponde a jóvenes de 15 años y 30 por ciento a los de 19 años, edades que se vinculan con el paso de la secundaria al nivel medio superior[10] (15 años) y el paso del nivel medio superior a los estudios universitarios[11] (19 años).

JÓVENES DE 20 A 24 AÑOS

El grupo de 20 a 24 años presenta otras características. Si bien los une ser parte del grupo considerado juvenil, muchos de ellos ya han formado una nueva unidad doméstica; según su

[10] En México, el paso de la secundaria al nivel medio superior en el sector educativo público implica hacer un examen único. Aboites (citado en Velázquez Reyes, 2007) señala que este examen es un gran obstáculo para la mayoría de los que buscan entrar a este nivel educativo. Prácticamente, uno de cada cinco de los ofertantes no ingresa a alguna escuela pública. Además, la deserción ha ido aumentando 18.1 por ciento en 1996 a 23.0 por ciento en 2000. Incluso Aboites considera que este examen ejerce una discriminación social al rechazar a aspirantes pobres y tiende a subvalorar a las mujeres (en Velázquez Reyes, 2007, p. 56).

[11] De los 167 mil 668 aspirantes que realizaron examen para ingresar en una de las carreras que ofrece la Universidad Nacional Autónoma de México (UNAM) en el ciclo escolar 2008-2009, 152 mil 991 (91.2 por ciento) no obtuvieron un lugar. En tanto, 48 mil 890 aspirantes a la educación superior en el Instituto Politécnico Nacional (IPN) tampoco consiguieron un espacio. En total se trató de casi 200 mil jóvenes, entre los solicitantes de la UNAM y el *Poli*, que en ese año quedaron fuera de estas instituciones (*La Jornada*, 2008). Se trata sobre todo de jóvenes que no proceden de estas instituciones en el nivel inmediato anterior, los alumnos que estudiaron el nivel medio superior en las escuelas de la UNAM y del IPN llevan a cabo procesos de selección distintos para continuar sus estudios universitarios en estas escuelas.

estado civil el 28.3 por ciento de los varones ya está unido (aunque sólo 18 de cada 100 se reportó como jefe de hogar en la ENOE 2008), y 40 de cada 100 mujeres respondió también vivir en pareja, por lo tanto, dado que los cambios en los roles familiares modifican la presencia en el mercado laboral, se considerarán para el análisis del grupo 20 a 24 años sólo aquellos jóvenes hombres que respondieron no ser jefes de hogar y aquellas jóvenes mujeres que respondieron no ser jefas, esposas, compañeras o concubinas.

En general, como se aprecia en el Cuadro 2 y al igual que con el grupo de menor edad, hay más unidos y casados cuando hay ausencia de estudio. Entre los varones, 15 de cada 100 contestó no trabajar y no estudiar, en el caso femenino el no estudio está muy ligado a la unión.[12] Cuatro de cada diez de las mujeres que no estudian ni trabajan reportaron a la ENOE 2008 estar unidas. En contraparte, cuando está involucrada la asistencia escolar, la gran mayoría de los datos señalan la presencia mayoritaria de jóvenes solteros (estén dentro o fuera del mercado).

Con relación al nivel escolar, en los distintos subgrupos en los que se es parte del sistema educativo los datos arrojan que dos de cada tres jóvenes han alcanzado el nivel universitario, tienen una escolaridad considerada acorde a su edad, su trayectoria educativa ha corrido sin grandes atropellos. En tanto los y las jóvenes que ya no asisten a la escuela debieron haberla abandonado hace tiempo, pues en promedio dos de cada 10 sólo logró estudios de primaria, tres de cada 10 de secundaria, sólo tres de cada 10 han incursionado en el nivel de bachillerato y uno de cada 10 ha cursado estudios superiores. Cabe agregar que en

---

[12] A pesar de haber sacado del grupo a las mujeres no jefas, ni esposas, ni concubinas, por estado civil continúan reportándose casadas y unidas. Ellas viven en una familia en la que se reportan como "hijas", y "otra", que puede ser nuera, nieta, pariente, etcétera.

una trayectoria educativa sin salidas, por el corte de edad estos jóvenes estarían concluyendo sus estudios universitarios.

En cuanto a las características familiares, si bien muchos de los jóvenes están conformando nuevas familias, los varones que respondieron en la encuesta estar unidos no se reportan en la misma como jefes de hogar (sino como otros parientes, hijos, cuñados, etcétera), lo que significa que viven en hogares ampliados donde hay un jefe que no es él. Si bien están formando un nuevo núcleo doméstico, no han logrado una independencia total.

La CEPAL habla del "síndrome de autonomía postergada", y la define como la dificultad de los jóvenes a independizarse; esto evidencia la paradoja en la que viven muchos de ellos que por una parte tienen autonomía moral para decidir sobre sus conductas (como el inicio de la vida sexual, la entrada al trabajo, la unión), pero no encuentran los recursos materiales ni los espacios para desarrollar tal autonomía. Esta situación —continúa la CEPAL— es diferente por estrato social: las familias con menos ingresos se ven obligadas a vivir hacinados, o bien a expulsar del hogar a los miembros mayores, que deberían ser ya productivos o bien a retirarlos del sistema educativo para que aporten más recursos al ingreso familiar (CEPAL/OIJ, s.f.).

Para conocer las características familiares se observa en el Cuadro 2 (parte inferior) primero, que según la distribución no hay diferencias en función del tipo de jefatura del hogar: alrededor del 25 por ciento de los hogares tienen a una mujer como jefa (igual que lo reportado en el Cuadro 1, con los datos de adolescentes).

En cuanto a la variable escolaridad de los padres, aparecen dos grupos distintos: entre los jóvenes que aún estudian, los datos indican que ellos están más escolarizados que sus padres, lo que corrobora el incremento escolar de las nuevas generaciones. Pero el grupo conformado por los que no estudian (económicamente o no económicamente activos) presenta rasgos diferentes: hay un sector de padres (los que estudiaron sólo la primaria) con escolaridad menor a la lograda por su descendencia con hijos que han abandonado el sistema escolar; sin embargo, hay mayor presencia de padres con estudios universitarios cuyos hijos no asisten a la escuela. Esta situación se encontró también entre los adolescentes analizados previamente. Insisto en que, si bien habrá que analizar más esta cifra, puede tratarse, para un sector de jóvenes —los más privilegiados—, de una especie de espera ante la falta de oportunidades educativas en el nivel superior y también una espera ante la falta de oportunidades laborales. Quedan todavía en México familias que pueden y están dispuestas a solventar y apoyar la búsqueda de trabajo de los hijos.

Acerca de este tema se ha documentado que los jóvenes con estudios universitarios presentan problemas severos para encontrar empleo en comparación con los que tienen menor nivel escolar (consultar, por ejemplo, Suárez, 2005 y Valenzuela, 2009). Pero aunque las cifras han mostrado esta problemática, desde mi punto de vista no se trata necesariamente de una desventaja, sino de una manera diferente de ver el problema. En muchas familias las opciones que tienen los jóvenes universitarios (las cuales les han permitido primero estudiar y luego poder descartar en mayor medida los empleos no deseados, a pesar de que esto implique permanecer varios meses en la inactividad) son mayores que las que presentan otros jóvenes que no pudieron continuar estudios en el nivel superior y que tienen la urgencia de insertarse en el primer trabajo que encuentran. Ante esto, el poder mantenerse desempleados por periodos largos, para estos jóvenes no es resultado de un nivel escolar alto, sino de recursos familiares distintos. Que ellos puedan permanecer en esta búsqueda sin estudiar ni trabajar, tiene que ver con las inequidades de México, que permite que un grupo

Cuadro 2

POBLACIÓN DE 20 A 24 AÑOS, DIVERSAS CONDICIONES, SEGÚN ESTUDIO Y TRABAJO, POR SEXO
(PORCENTAJE),* MÉXICO, 2008

	Si estudia y no trabaja		Si estudia y si trabaja		No estudia y si trabaja		No estudia y no trabaja	
	hombre	mujer	hombre	mujer	hombre	mujer	hombre	mujer
Distribución por grupo	47.8	52.2	56.4	43.6	61.4	38.6	9.0	91.0
Estado civil								
Unión libre	0.5	2.9	3.0	3.4	18.5	12.7	10.0	31.7
Casado	0.7	4.9	5.7	4.3	20.1	17.2	5.9	40.2
Soltero	98.7	91.7	91.0	90.9	60.4	66.2	83.1	26.4
Separado, divorciado o viudo	0.1	0.5	0.3	1.4	1.0	3.9	1.0	1.7
Total	100.0	100.0	100.0	100.0	100.0	100.0	100.0	100.0
Nivel escolar								
Ninguno	0.0	0.0	0.0	0.0	0.0	0.0	0.0	0.1
Primaria	0.4	1.2	1.9	1.5	21.0	14.8	23.1	28.2
Secundaria	1.6	3.2	6.9	8.1	39.8	32.2	32.3	40.0
Medio superior	27.4	22.5	29.5	28.0	29.1	34.2	24.0	23.0
Superior y más	70.5	73.0	61.4	62.4	8.5	17.8	8.8	5.0
No respuesta	0.1	0.1	0.3	0.0	1.6	1.0	11.7	3.7
Total	100.0	100.0	100.0	100.0	100.0	100.0	100.0	100.0

Características familiares

Sexo del jefe*								
Hombre	73.1	74.3	73.9	72.6	74.6	73.5	76.3	73.4
Mujer	26.9	25.7	26.1	27.4	25.4	26.5	23.7	26.6
Total	100.0	100.0	100.0	100.0	100.0	100.0	100.0	100.0
Ingreso del jefe*								
Hasta un salario	6.4	6.2	5.1	5.2	5.6	6.1	5.7	5.6
Entre uno y dos s.m.	10.8	11.4	13.1	13.9	11.3	10.1	11.5	10.4
Entre dos y tres s.m.	19.3	19.3	17.3	17.8	17.6	20.4	17.9	18.1
Entre tres y cinco s.m.	30.4	28.7	34.9	29.3	30.2	29.0	30.8	29.6
Entre cinco y diez s.m.	23.6	25.6	22.8	26.5	25.7	25.3	24.9	27.0
Más de diez s.m.	9.5	8.8	6.8	7.4	9.6	9.1	9.2	9.2
Total	100.0	100.0	100.0	100.1	100.0	100.0	100.0	100.0
Escolaridad del jefe*								
Ninguno	0.1	0.0	0.0	0.0	0.1	0.1	0.0	0.0
Primaria	39.4	39.2	40.4	41.2	38.1	38.1	38.1	40.1
Secundaria	23.8	23.0	25.0	20.6	24.0	24.8	23.1	22.0
Medio superior	17.7	18.3	17.3	18.4	17.9	17.5	15.3	18.8
Superior y más	19.0	19.2	17.4	19.8	19.9	19.3	23.5	19.0
No respuesta	0.0	0.3	0.0	0.0	0.0	0.2	0.0	0.0
Total	100.0	100.0	100.0	100.0	100.0	100.0	100.0	100.0

Fuente: Estimaciones propias con base en Encuesta Nacional de Ocupación y Empleo, 2008, segundo trimestre.
* No se consideran los jóvenes jefes de hogar.

(los menos escolarizados) tengan que trabajar en las peores condiciones, con tal del obtener un trabajo que les reporte un ingreso, mientras que otros (los más escolarizados) pueden postergar la entrada al mercado laboral, puedan estar más tiempo desempleados con el fin de encontrar un empleo más satisfactorio y adecuado con su formación académica. Estas distintas alternativas entre los jóvenes tienen que ver con sus apoyos y redes familiares.

Se supondría entonces, que el ingreso del jefe sería una variable que podría explicar estas diferentes combinaciones de estudio y trabajo entre jóvenes adultos; sin embargo, en el Cuadro 2 no quedan claras las diferencias. En todos los hogares con hijos de 20 a 24, casos reportados en la ENOE 2008, no más del 10 por ciento de los jefes gana 10 y más salarios mínimos, el monto del ingreso de los jefes se concentra entre tres y cinco salarios. A partir de estas distribuciones por grupo y por ingreso del jefe de hogar no se percibe ningún elemento que indique que el monto salarial repercuta en la actividad laboral y educativa de estos jóvenes, que aunque pertenecen aun al grupo denominado juventud, en sentido estricto son ya adultos.

DIFERENCIAS ENTRE GRUPOS DE EDAD Y SEXO

La vida moderna coloca a los jóvenes, por una parte, ante una novedosa oferta de alternativas de individualización pero, por otra parte, los somete a requerimientos de estandarización para amoldarse a la educación y el empleo. Su identidad se construye con base en estos dos ejes, pero también genera tensiones que cambian según la edad y el sexo.

Cuando la combinación entre estudio y trabajo es ganada por el trabajo, la presencia de varones es prioritaria (sí estudia/*sí trabaja* y no estudia/*sí trabaja*); cuando el trabajo se excluye (sí estudia/*no trabaja* y no estudia/*no trabaja*) la presencia mayor es la de las mujeres. Los avances en materia de equidad educativa han surtido efecto, ellos y ellas —sobre todo en los niveles obligatorios— participan; en cambio, aun con el incremento de las mujeres en el mercado laboral, en estas edades tempranas su participación económica es menor que entre los varones, lo cual entre ellas se explica por el peso de la maternidad y la unión.

Por grupo de edad, en algunos de los subgrupos analizados no ocurren diferencias para los que sí estudian y sí trabajan, la distribución entre ambos grupos etarios es prácticamente la misma; lo mismo ocurre con el subgrupo no estudia y sí trabaja, hombres y mujeres participan en ambos grupo de edad de manera muy parecida. Las diferencias se vuelven elocuentes en las combinaciones de sí estudia y sí trabaja, y no estudia y no trabaja. En la primera combinación, entre los de más corta edad los hombres duplican su presencia con respecto a las mujeres, en los de más edad, la participación de ambos sexos es casi igual. En la combinación de no estudio y no trabajo —ya se mencionó en varias ocasiones que las mujeres tienen una mayor representatividad— pero por edad hay fuertes distancias, entre las de 15 y 19 la diferencia entre ambos sexos es grande (50 puntos porcentuales) pero en el grupo de 20 a 24, la diferencia se incrementa 20 puntos.

Como el deseo, lo óptimo, es la inclusión social y ésta ocurre entre los jóvenes vía la escuela y el trabajo y se ha visto que ocurren diferencias por sexo y edad, en adelante se presentará exclusivamente para el subgrupo de *no estudio y no trabajo* cuatro regresiones para conocer si —aunque no se evidencian con los cuadros de distribuciones (cuadros 1 y 2)— hay variables que arrojan en mayor medida a los jóvenes a esta doble exclusión.

Se elaboraron cuatro regresiones logísticas (anexo al final del texto) con igual información para hombres y mujeres de 15 a 19 años y de 20 a 24 años al considerar tres características familiares.[13] La variable dicotómica es *no tener estudio ni trabajo/sí tener estudio o trabajo*, las variables independientes son: sexo del jefe, ingreso del jefe y nivel escolar del jefe, mismas que aparecen en los cuadros del apartado anterior.

Los resultados indican con relación al:

1. *Tipo de jefatura*, entre los más jóvenes tanto en los hombres como en las mujeres, la probabilidad de convertirse en un joven que no estudia ni trabaja es menor si su hogar está encabezado por un hombre que si se tiene una jefa mujer, pero para las mujeres la propensión es ligeramente mayor; es decir, el tener una jefatura masculina *versus* una femenina disminuye la posibilidad de ser inactivo y haber abandonado la escuela (ambas acciones de manera simultánea) en 0.80 veces entre las mujeres y en 0.77 veces entre los varones. En cambio, en el siguiente grupo de edad (20-24) la relación entre los dos sexos es de signo contrario: entre las mujeres —al igual que con el grupo etario anterior— la relación es negativa (esta condición se inhibe incluso más que entre los y las jóvenes de 15 a19 años al tener un jefe varón que mujer), pero entre los varones la relación que se establece es positiva, lo que significa que el vivir en un hogar que tiene jefatura masculina aumenta la probabilidad para los hombres de 20 a 24 años de entrar a la inactividad y abandonar la escuela.

2. *Ingreso del jefe*, la categoría de referencia en esta variable es que el padre gane entre cinco y 10 salarios mínimos, los datos estadísticos revelan que aquellos padres que obtienen los ingresos más altos (10 y más) pueden sostener la inactividad y ausencia escolar de los hijos. Según la regre-

[13] Diversas investigaciones consideran que la exclusión social tiene una carga familiar muy fuerte (por ejemplo CEPAL/OIT, 2008; Weller, 2007; Sholnik, 2005).

sión, hombres y mujeres de 15 a 19 años disminuyen la probabilidad de estar en esta condición de no inclusión educativa ni laboral cuando el padre gana menos de cinco salarios que cuando gana entre cinco y 10, mientras que la aumenta cuando el padre gana más de 10 salarios mínimos; además, la probabilidad tiene mayor peso entre los varones que entre las chicas adolescentes. En el grupo siguiente (20 a 24), nuevamente entre las mujeres la situación es muy similar a la del grupo de menor edad; como en la variable anterior ellas pueden estar inactivas y no ir a la escuela cuando el padre gana más de 10 salario mínimos, entre los varones (jóvenes/adultos) otra vez se revelan cifras diferentes.

Para empezar hay categorías no significativas; pero entre las que sí aportan datos estadísticamente significativos se encuentra que sólo se inhibe la propensión de estar excluido de la escuela y del trabajo cuando los padres reciben por su trabajo un salario mínimo *versus* obtener de cinco a 10. En este grupo de hombres de 20 a 24, su aporte familiar, según parecen arrojar estas cifras, se vuelve fundamental para el apoyo y sostén del hogar. Esto corrobora lo que se ha conocido acerca de que son los hijos varones mayores los que, ante la escasez en el hogar, salen de sus casas después del padre para apoyar, antes que los otros miembros (esposa, hijas mujeres, hijos menores) en el sustento familiar (Navarrete, 2001).

3. *Nivel escolar del jefe*, para Bourdieu, el capital cultural hace referencia a los antecedentes culturales, al conocimiento y la disposición y habilidades que pasan de generación en generación. Este capital se transmite bajo dos formas: como disposiciones de la mente que se toman en forma inconsciente y suponen un proceso de inculcación y asimilación, como estado objetivado que se da bajo la forma de bienes y objetos culturales, ya

sean libros, diccionarios, etcétera y como estado institucionalizado que tiene que ver con los certificados escolares (Bourdieu, 1978). Con esto se asume que entre los jóvenes y niños el apoyo recibido de los padres para asistir a la escuela y concluir sus estudios tiene que ver con los antecedentes escolares de los padres, con el aprecio que los padres o tutores tienen al conocimiento transmitido en las aulas. Supongo que los padres que han alcanzado altos niveles escolares valorarán de manera positiva el estudio en sus hijos. De ahí la importancia de incluir esta variable en la regresión.

Sin embargo, contrario a lo esperado, los resultados de las regresiones al utilizar la variable escolaridad de los padres son confusos, por lo que anotaré caso por caso tratando de encontrar algún sentido. Entre las jóvenes de 15 a 19 años la regresión apunta a que la relación de tener padres con más escolaridad que el nivel de primaria inhibe la probabilidad de abandonar la escuela y no trabajar, pero aunque es significativo en términos estadísticos y con signo negativo la relación es de cero. En cambio entre los hombres de 15 a 19 años la propensión a ser no activo y no estudiante se incrementa cuando los jóvenes tienen como padre a un analfabeta comparado con un padre con estudios de primaria cuando tienen preparatoria (resultado esperado), pero en las otras categorías de escolaridad la probabilidad aumenta o disminuye sin que se observe ningún patrón claro y explicable.[14]

En lo que corresponde a las mujeres de 20 a 24 años, la probabilidad de que ellas estén en la condición descrita (excluidas de la escuela y el trabajo) aumenta en casi todos los niveles de escolaridad del jefe, excepto en el nivel universitario, donde

[14] En el caso donde los padres tiene estudios de nivel superior que incrementa 1.07 la posibilidad de que los hijos sean no activo y no estudiante (en relación a padres con sólo primaria) puede explicarse por lo que se ha comentado de la moratoria para los hijos de los padres más escolarizados.

se inhibe su presencia como inactivas y no estudiantes. Entre los varones de este grupo, la probabilidad de estar en la condición de excluido de ambas actividades se incrementa en todos los niveles comparados con el nivel de primaria del padre. El nivel escolar, a pesar de ser en la regresión estadísticamente significativo, no ofrece tendencias que expliquen la entrada de los jóvenes a esta condición.

Conclusiones

La Organización Internacional del Trabajo (OIT) señala que para lograr una vida laboral en condiciones positivas lo primero no es encontrar un empleo, sino tener acceso y participar de manera activa en el sistema educativo. Para la OIT, la formación y la adquisición de habilidades es la manera de iniciar una trayectoria laboral de inclusión (OIT, 2010). Es en el periodo denominado juventud cuando se adquieren muchas de estas habilidades y competencias que contribuirán no sólo a tener un buen empleo, sino que —para muchos jóvenes— es la ruta para salir de la pobreza. Como se ha mostrado, no todos los jóvenes acceden de igual manera a estos dos espacios, y estas diferencias suelen estar marcadas por características como la edad, el sexo y el estado civil del joven.

La juventud es un concepto poco claro, en la medida que engloba bajo un mismo nombre a un conjunto muy heterogéneo. Los jóvenes son diversos y desiguales, es muy distinta la situación de los jóvenes hombres y mujeres, de los urbanos y rurales, de los de grupos socioeconómicos con carencias respecto de otros que viven en hogares de mayores ingresos, de jóvenes de 15 a 19 años y de 20 a 24 años, de jóvenes con poca o nula escolaridad comparados con los que han permanecido de más de 12 años en la escuela. Si bien estas diferencias son elocuentes, en este documento se partió de analizarlas desde dos instancias que articulan la vida de los jóvenes: la educación y el trabajo. Ambas constituyen los dos pilares de integración por excelencia, pero hoy parecen estar fuera de la centralidad del grupo juvenil.

Jóvenes con necesidad de trabajar, desempleados, que abandonan la escuela, han existido siempre; sin embargo, en los últimos años una cuestión que ha salido a la luz es el de los llamados "Ni-Ni", una manera de nombrar a aquellos jóvenes que no estudian ni trabajan. Este asunto ha cobrado gran relevancia en noticias y periódicos debido fundamentalmente a su volumen en crecimiento, pero también porque a los jóvenes hoy día se les ha estigmatizado, ligándolos con la vagancia, el consumo y la venta de droga, con la violencia y en general con actividades delictivas.[15] En 2010, el rector de la UNAM declaró que en el país existían 7.5 millones de jóvenes que no estudiaban ni trabajaban. Pero debido a la manera en que se calcula la no actividad[16] en las encuestas, la cifra de los jóvenes reportados como no activos y no estudiantes resultan incluso bajas, sobre todo si se comparan con otros países.[17]

En México, los jóvenes salen a la luz cuando se trata de campañas políticas, pero en realidad para ellos no hay políticas públicas económicas y sociales incluyentes y formadoras. Por eso están inmersos en un intento apático de resolver su proble-

[15] Antes se les ligaba al deporte y la recreación, lo cual dejaba también fuera muchos de los deseos, necesidades y aspiraciones de la diversidad juvenil.

[16] Con base en las Encuestas de Ocupación y Empleo en México, es activa aquella persona que en la semana de referencia trabajó por lo menos una hora.

[17] En Argentina, en 2010, se ha reportado que 20 por ciento de los jóvenes de entre 14 y 24 años (más de un millón), no estudian ni trabajan, pero además seis millones dijeron no tener deseo de hacer nada. En Uruguay la cifra alcanza 18 por ciento, en Brasil 19 y en Paraguay 21. En el Caribe la cifra, según la OCDE, es del 21 por ciento para los jóvenes de 16 a 29 años. En África, los datos son del 37 y para Europa de 34 por ciento, tan sólo en España, según el Instituto de la Juventud Española, hay alrededor de 562 mil jóvenes en esta condición (web de OIT y OCDE).

mática diaria que, para la gran mayoría, no es ver por qué partido político votan, ni siquiera es salir del grupo de los ni estudio ni trabajo, sino la búsqueda de algo que comer, vestir, dormir, amar y consumir (Bauman, 2006).

Por lo cual, desde mi punto de vista, la exclusión no sólo tiene que ver con el abandono escolar y laboral de manera simultánea. Aun siendo económicamente activos debido a las condiciones en que se da el trabajo, los jóvenes están excluidos y en riesgo. Reducir hoy día la problemática juvenil a ver la situación de los que no estudian ni trabajan —efectivamente en crecimiento— es pensar en sólo una parte de la problemática. El grupo de jóvenes que tienen un empleo pero que no ganan en su mayoría más de dos salarios mínimos, que no tienen prestaciones, que quedan en las primeras filas ante el desempleo y en las últimas cuando se busca trabajo, ellos son parte de la problemática mayor que debió haber sido resuelta hace mucho. Ellos están excluidos, pero su exclusión se oculta en trabajos precarios y deteriorados y de mínima jerarquía social.

Los grandes periodos de inactividad que viven los jóvenes implican altos costos en términos individuales y de inclusión social. Las etapas prolongadas de inactividad implican a su vez costos en las competencias laborales y deterioran las redes sociales de inclusión. Hablar sólo de los que *no estudian no trabajan* es minimizar la problemática. La poca o mala educación que se otorga en el sistema educativo, la mínima innovación en los procesos de aprendizaje que no retienen a los jóvenes en las aulas (los jóvenes no sólo son sacados del sistema educativo, muchos desertan por falta de interés), junto con los trabajos precarios que se ofrecen y la escasez de empleos en los que los jóvenes pueden desarrollar sus habilidades; éstos, todos, son puntos que atender si en verdad se quiere erradicar la exclusión social para los jóvenes de hoy, o sea, para los viejos de mañana.

ANEXO

HOMBRES DE 15 A 19 AÑOS. MÉXICO, 2008

		B	S.E.	Wald	df	Sig.	Exp(B)
Step 1(a)	Jefe hombre	-.260	.006	2,119.355	1	.000	.771
	Ingresojefe			163.863	5	.000	
	Un s.m.	-.050	.012	18.333	1	.000	.951
	1 a 2 s.m.	-.065	.009	54.668	1	.000	1.067
	2 a 3 s.m.	-.022	.007	9.771	1	.002	.978
	3 a 5 s.m.	.013	.006	4.952	1	.026	1.013
	Más de 10	.050	.008	35.597	1	.000	1.051
	Esc.jefe			2,559.018	4	.000	
	Ninguna	1.459	.046	1,027.619	1	.000	4.301
	Secundaria	.075	.007	106.231	1	.000	1.077
	Preparatoria	-.136	.007	419.622	1	.000	.873
	Superior	.069	.007	110.927	1	.000	1.071
	Constant						
	% total predicho 84.1	-2.433	.008	104,262.621	1	.000	.088

a Variable(s) entered on step 1: jefesex, recjefingr, recescjf.
Categorías de referencia:
En sexo del jefe: mujer
En ingreso: de cinco a 10 s.m.
En escolaridad jefe: estudios de primaria.

MUJERES DE 15 A 19 AÑOS. MÉXICO, 2008

		B	S.E.	Wald	df	Sig.	Exp(B)
Step 1(a)	Jefe hombre	-.215	.003	4,006.339	1	.000	.806
	Ingresojefe			5,141.018	5	.000	
	Un s.m.	-.253	.007	1,388.033	1	.000	.776
	1 a 2 s.m.	-.090	.005	301.131	1	.000	.914
	2 a 3 s.m.	-.147	.004	1,273.969	1	.000	.863
	3 a 5 s.m.	.082	.003	567.666	1	.000	1.086
	Más de 10	.010	.005	3.743	1	.053	1.010
	Escol.jefe			3,013.686	4	.000	
	Ninguna	-19.989	808.969	.001	1	.980	.000
	Secundaria	-.030	.004	48.281	1	.000	.970
	Preparatoria	.117	.004	943.077	1	.000	1.124
	Superior	-.057	.004	215.643	1	.000	.944
	Constant						
	% total predicho 76.3	-.991	.005	47,260.497	1	.000	.371

a Variable(s) entered on step 1: jefesex, recjefingr, recescjf.
Categorías de referencia:
En sexo del jefe: mujer
En ingreso: de cinco a 10 s.m.
En escolaridad jefe: estudios de primaria

HOMBRES DE 20 A 24 AÑOS. MÉXICO, 2008

		B	S.E.	Wald	df	Sig.	Exp(B)
Step 1(a)	Jefe hombre	.154	.009	318.551	1	.000	1.166
	Ingreso jefe			4,471.791	5	.000	
	Un s.m.	-.461	.021	495.430	1	.000	.631
	1 a 2 s.m.	.264	.012	517.615	1	.000	1.303
	2 a 3 s.m.	.355	.010	1,327.202	1	.000	1.426
	3 a 5 s.m.	.010	.009	1.272	1	.259	1.010
	Más de 10	.457	.011	1,772.480	1	.000	1.579
	Escol.jefe			1,933.786	4	.000	
	Ninguna	.166	.130	1.619	1	.203	1.180
	Secundaria	.444	.011	1,723.142	1	.000	1.559
	Preparatoria	.321	.010	1,043.479	1	.000	1.379
	Superior	.219	.010	461.781	1	.000	1.245
	Constant						
	Porcentaje Total predicho 95.7	-3.641	.012	90,008.393	1	.000	.026

a Variable(s) entered on step 1: jefesex, recjefingr, recescjf.
Categorías de referencia:
En sexo del jefe: mujer
En ingreso: de cinco a 10 s.m.
En escolaridad jefe: estudios de primaria.

MUJERES DE 20 A 24 AÑOS. MÉXICO, 2008

		B	S.E.	Wald	df	Sig.	Exp(B)
Step 1(a)	Jefe hombre	-.096	.003	906.716	1	.000	.909
	Ingresojefe			1,401.855	5	.000	
	Un s.m.	-.122	.006	387.279	1	.000	.885
	1 a 2 s.m.	-.093	.005	375.558	1	.000	.911
	2 a 3 s.m.	-.135	.004	1,218.267	1	.000	.874
	3 a 5 s.m.	-.042	.003	160.739	1	.000	.959
	Más de 10	-.022	.005	22.186	1	.000	.978
	Escol jefe			1,940.998	4	.000	
	Ninguna	.958	.118	66.062	1	.000	2.607
	Secundaria	.029	.004	50.103	1	.000	1.029
	Preparatoria	.080	.004	502.868	1	.000	1.084
	Superior	-.056	.004	227.962	1	.000	.945
	Constant						
	Porcentaje Total Predicho 61.2	-.343	.004	6,614.216	1	.000	.710

a Variable(s) entered on step 1: jefesex, recjefingr, recescjf.
Categorías de referencia:
En sexo del jefe: mujer
En ingreso: de cinco a 10 s.m.
En escolaridad jefe: estudios de primaria

Referencias

Bauman, Z. (2006). *Vida líquida*. Estado y Sociedad, núm. 143. España: Paidós.

Bourdieu, P. (1978). La juventud no es más que una palabra. En *Sociología y cultura*. México: Grijalbo-Conaculta.

CEPAL/OIJ (2008). *Juventud y cohesión social en Iberoamérica. Un modelo para armar*. Santiago de Chile: Naciones Unidas.

_____ (s/f). *Juventud e inclusión social en Iberoamérica*. Santiago de Chile: Naciones Unidas.

Fields, G.S. (2003). El trabajo decente y las políticas de desarrollo. En *Revista Internacional del Trabajo*, 122(2), 263-290.

García, B. (2009). Los mercados de trabajo urbanos de México a principios del siglo XXI. En *Revista Mexicana de Sociología*, 71(1), 5-46.

Hopenhayn, M. (2008). Inclusión y exclusión social en la juventud latinoamericana. En *Pensamiento Iberoamericano*, (3), 49-71.

Navarrete, E.L. (2001). *Juventud y trabajo. Un reto para principios de siglo*. Zinacantepec, México: El Colegio Mexiquense AC.

OIT (2010). *Trabajo decente y juventud en América Latina*. Lima, Perú: Oficina Internacional del Trabajo.

Reguillo, R. (2010). Llano en llamas. Jóvenes contemporáneos y mercado de riesgos. Entre la precariedad y el desencanto. En O. Romaní (coord.). *Jóvenes y riesgos ¿unas relaciones ineludibles?*. Barcelona, España: Ediciones Bellatera.

Schmelkes, S. (2010). México y el logro de la educación primaria universal. En C. Garrocho (coord.). *México y los Objetivos de Desarrollo del Milenio*. México: El Colegio Mexiquense, AC.

Schkolnik, M. (2005). *Caracterización de la inserción laboral de los jóvenes*. Serie Políticas Sociales. Santiago de Chile: CEPAL.

Suárez Zozaya, M.H. (2005). *Jóvenes mexicanos en la feria del mercado de trabajo*. Cuadernos del seminario de educación superior de la UNAM, núm. 4. México: Miguel Ángel Porrúa, UNAM.

Tokman, V. (2004). *Una voz en el camino. Empleo y equidad en América Latina: 40 años de búsqueda*. Santiago de Chile: FCE.

Valenzuela, J.M. (2009). Ingreso restringido: vulnerabilidad, pertenencias y proyecto de vida. En *El futuro ya fue*, México: El Colegio de la Frontera Norte, Casa Juan Pablos.

Velázquez Reyes (2007). Preparatorianos: trayectorias y experiencias en la escuela. En Carlota Guzmán Gómez, C., y Saucedo Ramos, C. (coords.). *La voz de los estudiantes. Experiencias en torno a la escuela*. México: Ediciones Pomares, CRIM-UNAM.

Weller, J. (2007). La inserción laboral de los jóvenes: características, tensiones y desafíos. En *Revista de la CEPAL*, (92), 61-82.

Referencias electrónicas

La Jornada (2008). en http://www.jornada.unam.mx/2008/07/21/index.php?section=sociedad&article=045n1soc
Revisado el 5 de abril de 2011.

Fracaso escolar y exclusión laboral: medidas para su abordaje como base para la incorporación social y laboral. El caso de zonas de vulnerabilidad social

María del Castillo Gallardo Fernández
Concepción Nieto Morales

INTRODUCCIÓN

El fracaso escolar es una variable que incide de forma muy significativa en la falta de formación necesaria para una adecuada inserción socio-laboral. Esto hace que el trabajo para su superación sea prioritario.

En el estudio realizado se expusieron algunas de las posibles soluciones detectadas por los propios jóvenes y los profesionales implicados en el tema, así como de personas insertadas social y laboralmente. En el presente texto se plantea mostrar el análisis sobre el fracaso escolar, así como medidas para su abordaje dentro del proceso de incorporación social y laboral. El estudio se realizó en una zona de gran vulnerabilidad y exclusión social especialmente en menores y jóvenes que es donde se centra la investigación. Comenzó en febrero del año 2008 y finalizó en marzo del año 2010. Aquí se expone una parte de un trabajo más amplio.

La zona en la que se ubica la presente investigación sobre la inserción social y laboral es la zona llamada "Polígono Sur" de Sevilla (España), catalogada como zona con necesidades de transformación social[1] (ZNTS), con graves déficits de índole tanto económicos como sociales. Según el Instituto Nacional de Estadística (2009), la población total del Polígono Sur es de 32,480 habitantes. No obstante otras estimaciones y teniendo en cuenta la población no empadronada, esta cifra se eleva hasta 50,000 vecinos (Plan Integral del Polígono Sur, 2005).

En relación con la instrucción personal, prácticamente no existen titulados y son pocos los estudiantes universitarios. Los analfabetos y sin estudios comprenden el 60 por ciento del total (Gallardo, Nieto-Morales, 2010).

La población ocupada en relación con la población activa del municipio es del 61.29 por ciento, frente al 50 por ciento de la población que habita en la ZNTS. La tasa de paro del municipio es del 24.9 por ciento, frente al 49.9 por ciento de la ZNTS y dentro de éstas en el Polígono Sur[2] es del 52 por ciento. Las mujeres se sitúan casi 10 puntos por encima (Comisionado, 2009).

El perfil de las Zonas con Necesidades de Transformación Social está claramente fijado: bajas tasas de actividad, bajas tasas de ocupación y altas tasas de paro. Por lo general son barrios con una importante cantidad de jóvenes que se ven condenados a desempeñar trabajos marginales, informales, eventuales, flexibles y mal remunerados además de pasar periodos en paro e inactividad. La situación de las mujeres se presenta bastante más delicada aún que la de los hombres, lo que ayuda a crear un clima familiar, laboral y educativo en estos barrios que no es favorable para la inserción plena en condiciones de igualdad.

Se ve la necesidad de abordar el tema del fracaso escolar ante los altos porcentajes expresados en las estadísticas referidas a España, así como también altas tasas de desempleo juvenil.

[1] Zona con Necesidades de Transformación Social, en adelante ZNTS.

[2] El Polígono Sur es un barrio de Sevilla capital, que data de los años cincuenta y sesenta, siempre ha tenido una historia complicada y ha sido zona de actuación preferente con implicación del Comisionado, Ayuntamiento, Universidad, Junta de Andalucía, ONGs y otras instituciones.

ESCOLARIDAD Y FRACASO ESCOLAR

Al hablar de escolaridad y fracaso escolar desde una perspectiva general, es interesante destacar el informe de la OCDE 2009 sobre la educación en España, que reflejan que el sistema educativo español presenta cifras de escolarización superiores a la media de la OCDE en programas generales (bachillerato) e inferiores a la media de la OCDE en formación profesional de grado medio. El porcentaje de alumnos que están matriculados en itinerarios educativos académicos o generales (bachillerato) en España (56.6 por ciento) es notablemente superior al de la media de la OCDE (54.3), y a la de la UE-19 (47.0). De manera paralela, la proporción de estudiantes españoles de segunda etapa de educación secundaria matriculados en formación profesional es notablemente inferior (43.4 por ciento) tanto a la media de la OCDE (47.7) como a la de la UE (53.3).

La relación existente entre escolaridad, o la escolaridad deficiente con el fracaso escolar en jóvenes mayores de 14 años es una situación que va en aumento, como se refleja en el informe sobre la Evolución del fracaso escolar en España (2000-2005). El fracaso escolar aumentó en España desde el año 2000 al 2005 en un 3 por ciento, pasando del 26.6 por ciento al 29.6 por ciento. En Andalucía, el porcentaje de incremento ha sido mayor situándose en un 8 por ciento, y pasando del 26.7 al 34.7 por ciento. Aunque en Melilla ha bajado 5.4, descendiendo del 47.7 al 42.4 por ciento de alumnos con fracaso escolar según datos del Ministerio de Educación y Ciencia, situando los datos del año 2010 en el 37.5 por ciento para el grupo de edad entre 18 y 24 años (ME, 2010).

Existe una alta correlación entre el fracaso escolar y la incidencia del absentismo escolar. El absentismo en Andalucía, según el Defensor del Pueblo Andaluz (1999), se considera un problema social, pero sobre todo lo es en determinados barrios

Mapa 1
PORCENTAJE DE ALUMNOS QUE SE GRADÚAN EN ESO.
CURSO 2006-2007

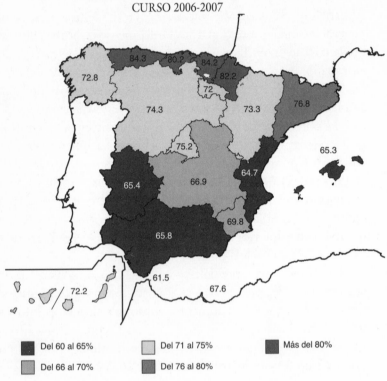

Fuente: UNICEF 2010 sobre Ministerio de Educación.

con necesidades especiales de atención, como es el caso en Sevilla de la Zona del Polígono Sur, en el que el 23 por ciento del alumnado es absentista (datos EOE Sevilla proporcionados por DPA, 1999). En los últimos años se ha trabajando en el tema en la zona objeto de estudio, obteniendo avances positivos importantes para su reducción desde la creación del Comisionado para el Polígono Sur; según declaraciones recientes del mismo se está produciendo un cambio de tendencia, pues se ha pasado

Mapa 2
FRACASO ESCOLAR Y ABSENTISMO ESCOLAR POR CCAA

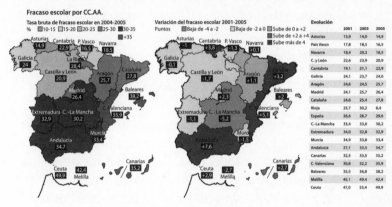

Fuente: Ministerio de Educación y Ciencias, 2007.

Gráfica 1
NÚMERO DE ABSENTISTAS

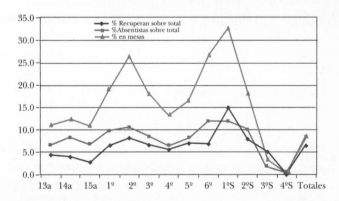

Fuente: Comisionado Polígono Sur, 2009.

en las cifras de absentismo de una tasa del 40 al 14 por ciento en los últimos seis años. Dentro de los análisis de los datos sobre la situación hay que destacar que los mayores picos de repeticiones de curso se encuentran, en segundo y en seis de primaria, donde se produce un aumento significativo de absentismo agravándose en primero de la ESO, como se observa en la Gráfica 1 sobre el número de absentistas (Comisionado Polígono Sur de Sevilla, 2009).

Variables para el análisis e intervención

Lo que en principio es un problema educativo, puede convertirse en un grave problema social, pudiendo necesitar muchos medios y esfuerzos de todo tipo. Pero sobre todo tiene una grave repercusión para las personas que lo sufren, que ven mermadas sus posibilidades de desarrollo, así como para la sociedad que va a contar con menos capital humano para posibilitar la mejora social.

Con la crisis económica se incrementa el abandono escolar y se dificulta el acceso de los jóvenes al empleo, como lo pone de manifiesto el Informe de la OCDE 2009 en España sobre el tema, donde se expone que el porcentaje de jóvenes que no trabajan y tampoco estudian (llamados en terminología internacional NEET (NINI): *neither in education nor in employment or training.*) se redujo considerablemente durante el periodo de expansión económica. El porcentaje de jóvenes de 20 a 24 años que no trabajaban ni estudiaban pasó del 24 en 1996 al 14.2 por ciento en 2007. El de jóvenes de 16 a 19 años, del 13 al 11.5 por ciento. En la etapa de recesión económica que atraviesa España a inicios de 2009, la proporción de jóvenes NEET ha vuelto a aumentar. La proporción de jóvenes de 20 a 24 años que no trabajan ni estudian llega ya al 21.6 por ciento. La de jóvenes de 16 a 19 años en esta situación es del 13.8. Es decir, la crisis ha incrementado extraordinariamente la incidencia del problema, acercándonos a los niveles experimentados en el momento de arrancar la expansión económica.

Gráfica 2
PERSONAS DE 18 A 24 AÑOS CON VULNERABILIDAD EDUCATIVA
MODERADA EN EL AÑO 2007 SEGÚN CCAA(A).

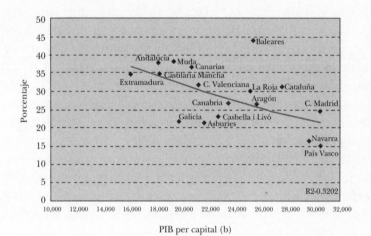

PIB per capital (b)

Fuente: OIS 2010.

Existen dos variables que inciden de manera desfavorable
en el logro educativo la pobreza y el capital cultural. La pobreza está asociada con dos factores adicionales que tienen proba-
da influencia en el logro educativo: la salud infantil y las características del entorno residencial (OCDE, 2008, p. 215). El
capital cultural está correlacionado con la educación de los padres y con los ingresos del hogar, pero ni la posesión de creden-
ciales ni de recursos financieros asegura que una familia sea ca-
paz de transmitir las habilidades, valores y motivaciones que
promueven el éxito de sus hijos e hijas (DiMaggio y Mohr,
1982; Esping-Andersen, 2007 citado por OIS, 2010). Por lo
que es necesaria la puesta en relación de los recursos familiares,
comunitarios y personales.

La intervención social directa con jóvenes en situación de
vulnerabilidad se hace necesaria, entendiendo que una escolari-

dad incompleta, y por ende una socialización incompleta, genera un mayor riesgo de exclusión social.

La adolescencia y primera juventud son la etapa de la vida en la que la socialización secundaria cobra un papel relevante; por ello los programas de intervención en este grupo de edad se contemplan como una herramienta importante, complementaria de la socialización para la prevención de situaciones de exclusión social.

Se contemplan como estrategias prioritarias los programas de formación prelaboral y los de inserción socio-laboral; lo primeros contribuyen a la adquisición de las destrezas y habilidades sociales necesarias para la inclusión social, ayudando a prevenir la marginación que tanto azota a jóvenes sin titulación ni formación en las zonas de especial problemática social o ZNTS y el desarrollo de programas de inserción socio-laboral como elemento esencial para la integración social.

Estos programas pueden ser preventivos de algunos problemas, entre ellos la inadaptación, el fracaso escolar o el consumo de sustancias adictivas, que se presentan entre estos jóvenes.

También de forma indirecta, pero no menos importante, se ven los programas de intervención comunitaria y familiar desde los Servicios Sociales, los que pueden contribuir de manera notable en los procesos transversales que favorezcan la creación de redes personales y sociales, tan importantes para la creación de capital social.

La prevención primaria suprime costes económicos; pero más importantes que los económicos son los personales y sociales. Una buena socialización primaria y secundaria tiene una repercusión en todos los ámbitos; el personal, el social, el económico, etcétera, esto es más efectivo que una resocialización, dado que *es mejor y más rentable invertir en escuelas que en cárceles*.

Socialmente somos responsables de todas las acciones futuras que puedan producirse y que habrían podido evitarse si nos implicamos en acciones que nos puedan permitir planificar acciones preventivas de forma primaria. Consideramos que es labor de toda la sociedad, dado que los jóvenes son el futuro y de ellos dependerá un mejor o peor ambiente social futuro. La represión legal puede evitarse si la formación funciona de forma preventiva.

Perspectivas teóricas de referencia

Se parte de una perspectiva de análisis holístico que toma como referencia las propuestas del paradigma de la complejidad de Morín (2001). Las perspectivas ecosistémicas plantean espacios donde se encuentren los diferentes actores sociales que intervienen en la relación con el objeto de estudio. Paradigma de la Complejidad nos aproximamos a una nueva forma de pensar la realidad donde se aspira al conocimiento de la diversidad y lo particular.

También se propone el propio modelo metodológico como elemento de empoderamiento de la población y de diferentes colectivos y actores dentro del Trabajo Social Comunitario. Por otra parte, es relevante el enfoque de Amartya Sen (2000), el cual indica que las capacidades individuales y del contexto cobran un protagonismo especial en la perspectiva del desarrollo.

MÉTODO

Se han manejado fuentes secundarias y también datos primarios obtenidos mediante la realización de entrevistas a profundidad a profesionales relacionados con el tema estudiado, del ámbito educativo, Servicios Sociales, Judicial y Laboral. Con los jóvenes del barrio se realizaron grupos de discusión con menores y jóvenes. Así mismo, se han obtenido historias de vida de personas que viven en el barrio con trayectoria de vida normalizada, con estudios universitarios. El estudio comenzó en el mes de febrero del año 2008 y finalizó en marzo de 2010.

Se analizaron y compararon datos del Instituto Nacional de Estadísticas que nos proporcionaron información tanto del barrio como de sus habitantes. Así mismo, se realizó un análisis bibliográfico, tanto de obras teóricas como empíricas relacionado con el objeto de estudio. También se consultaron obras de carácter normativo, así como de legislación educativa y social.

Además, se revisaron los informes de diferentes organismos que nos ofrecieron datos para el análisis, como los de la OCDE (2009), PISA (2009), etcétera.

GRUPOS DE DISCUSIÓN Y ENTREVISTAS A PROFUNDIDAD

En los grupos de discusión se tuvo en cuenta el leguaje como elemento de análisis e interpretación. Se tuvieron como base las directrices básicas de esta técnica siguiendo a Ibáñez (1986) y Alonso (1998).

El grupo de discusión buscó generar información empírica sobre cuáles son las formas preceptúales y estructurales de un grupo social amplio, y así comprender el significado de las prácticas sociales que definen conductas, imaginarios y formas ideológicas.

El lenguaje, a su vez instrumento y objeto de investigación, permitió interpretar el mundo cognitivo en su dimensión estructural del componente simbólico. Los elementos del lenguaje, por lo tanto, nos permitieron acercarnos a los mapas de percepción e ideológicos que los sujetos construyen sobre su entorno y el conjunto de la sociedad (Ibáñez, 1986).

Con la utilización de los grupos de discusión se pretendió obtener la visión de los jóvenes que integraban los diferentes grupos sobre el objeto de estudio, dado que los grupos expresan las percepciones sociales dentro del proceso de interacción.

Se han destacado las diferentes percepciones que en algunos casos se han señalado con letra cursiva, ello no quiere decir que sea representativo de todo el grupo, pero sí nos dan mayor información.

Se realizaron dos grupos de discusión a menores[3] y jóvenes. Uno de los grupos, formado por cinco jóvenes desocupados de Polígono Sur, cuya característica común era no estar en ningún recurso formativo ni laboral, habiendo abandonado el sistema educativo a temprana edad. Todos los integrantes de este grupo tenían relación con educadores de calle[4] que trabajan en el barrio, en un proceso de acompañamiento a los diversos recursos de formación y laborales.

El otro grupo lo conformaron por cinco jóvenes de Polígono Sur ocupados. El perfil lo conformaron los jóvenes que estaban insertados en algún recurso educativo-formativo o en un empleo.

Se pretendió conocer las percepciones sobre la inserción social y el fracaso escolar desde dos posiciones diferentes: insertados y no insertados educativa o laboralmente, así como las propuestas de cambios para mejorar la situación.

[3] El artículo 12 de la Constitución Española fija la mayoría de edad a los 18 años. Aquellos que no han cumplido los 18 años son considerados menores, a menos que una vez cumplidos los 16 años se hayan emancipado legalmente. La ONU fija la juventud en una franja de edad entre los 18 y 24 años y en algunos casos hasta los 30. Las edades y grupos que se han formado han sido elegidos porque se encuentran en edad de escolarización obligatoria, los más jóvenes con fracaso escolar y aquellos que ya abandonaron la escolaridad y se encuentran en talleres creados en el barrio para formarles laboralmente, disminuyendo y tratando de alejarlos del riesgo de exclusión social y laboral, con el objetivo de que se integren al ámbito sociolaboral.

[4] El educador de calle es un agente de educación social que trabaja en este caso con menores y jóvenes, por lo general en convivencia directa con ellos en los entornos sociales con dificultades de integración social, educativa, consumo de sustancias estupefacientes, conflicto con la ley, etcétera.

En relación con las entrevistas a profundidad, se contemplaron como herramientas de obtención de datos complementarios a los obtenidos de los cuestionarios, historias de vida, datos de fuentes secundarias, etcétera. Se realizan para obtener información sobre los temas objeto de estudio y en cumplimiento de los objetivos de la investigación, así como plantear propuestas de mejora.

Se realizaron 18 entrevistas a profundidad a profesionales de diferentes ámbitos, con diferente base formativa y que tienen algún tipo de implicación con el tema estudiado de fracaso escolar (seis del ámbito educativo, Seis de Servicios Sociales, seis del ámbito judicial, cuatro del ámbito asociativo):

- *Educativo*: pedagogos/as, psicólogos/as, directores/as de centros educativos.
- *Servicios Sociales*: Trabajadores/as sociales, educadores/as sociales, y psicólogos/as.
- *Judicial*: Fiscal de Menores, Magistrado-Juez de Menores y Equipo Técnico de la Fiscalía de Menores.

El trabajo de campo se realizó durante los meses de marzo y abril de 2009, permitiendo la colaboración de alumnos de la asignatura optativa de la diplomatura de educación social *Programas y estrategias de inserción sociolaboral* y alumnos de la diplomatura de trabajo social.

RESULTADOS

Percepciones de los profesionales que trabajan con el colectivo de jóvenes

Las preguntas sobre las que expresaron su opinión están relacionadas con el objeto y con los objetivos de la investigación. Éstas se han realizaron en torno a sus visiones sobre la inserción sociolaboral en general y particularizadas en el barrio. Sobre el fracaso escolar en general y en el barrio particularmente. Las actuaciones desde la institución en la que trabajan. El relato de experiencias positivas de inserción socio-laboral y de éxito educativo.

En cuanto a sus visiones sobre la inserción socio-laboral, comentaron, de forma resumida, las siguientes opiniones:

En relación con la inserción sociolaboral

Coinciden en lo esencial y central, que es el empleo para la inserción social de las personas y en la necesidad de medidás, coordinadas y personalizadas, para los diferentes subgrupos (1A, 3A, 5A, 6F, 7A, 8B).

Plantean que el trabajo es un elemento central para la vertebración de la vida social al que no se le da la importancia que tiene, quizás por la dificultad que implica su abordaje. Los recursos de que se disponen para contribuir a la inserción no llegan a todos los grupos, sobre todo a los que sufren más carencias, y por tanto más necesidad de atención.

El contexto del mercado actual complica el panorama con unos trabajos inestables y de poca calidad.

Expresan que la cultura de supervivencia contribuye a la escasa preparación, y se genera un círculo difícil de romper.

...La mayor parte de las personas, desgraciadamente, bien por cultura propia de estos territorios o bien porque la situación precaria en que viven les obliga, viven al día, y yendo al día no pueden hacer grandes previsiones ni grandes cursos de formación y de preparación (5C1).

La inserción sociolaboral como un elemento clave para la integración, muy necesaria y positiva pero con deficiente desarrollo y a la que se dedica poco esfuerzo. Se insiste poco en la formación y sobre todo en el fomento de la mano de obra cualificada.

En relación a los jóvenes del Polígono Sur, expresan que:

Existe dificultad de integración de los jóvenes en general y los de esta zona en particular, que hay que insistir más en la formación. Manifiestan que el trabajo es un elemento esencial para la integración, que para los jóvenes en general no es fácil, pero para los del barrio lo es aún peor.

No existe un único perfil de jóvenes, por lo que los recursos, así como las líneas de acción adecuados para su integración no pueden ser iguales para todos.

> ... aquí hay jóvenes que solamente necesitan un empujoncito y te responden perfectamente y otros jóvenes que son muy difícil de ayudar porque viven en una ambiente de marginalidad tan grande que por muchos medios que pongamos, de momento, no estamos llegando a ellos... (1B).

En el barrio se trabajan proyectos muy interesantes, aunque insuficientes y excesivamente limitados para la población residente de la zona, considerándose desde las diferentes instancias la posible falta de atención.

Existe un grupo de jóvenes que experimentan una mayor dificultad de inserción, y para quienes los recursos "reglados"[5] no llegan; estos jóvenes poseen un déficit importante de socialización y de habilidades sociales para desenvolverse en una vida normalizada y por lo tanto para el trabajo, carecen de las herramientas básicas que permiten desarrollar una vida normal.

---

[5] Con recursos reglados nos referimos a aquellos que se ofertan desde la administración pública, tales como cursos del Servicio Andaluz de Empleo (SAE), por no haber obtenido el título de escolaridad obligatoria, por ejemplo.

"Hay muchos jóvenes... que vienen de una familia problemática, que sufren abandono escolar..." (16.1).

No existe coordinación entre enseñanza reglada e integración laboral, y se pone en marcha la mayor parte de las veces cuando el fracaso es ya manifiesto y la persona ha interiorizado otra forma de vida, denominándose esta inserción asistencialista y escasa.

La formación profesional (formal o no-formal) está poco o nada relacionada con la oferta real de trabajo. Los jóvenes se plantean... *¿formarse para qué?*

La formación y el tipo de trabajo que realizan las familias de origen de estos jóvenes, como es el caso de la venta ambulante, marca mucho la socialización, el interés y la importancia de la educación para la integración laboral. *"La venta ambulante lleva un ritmo que no es el del mercado laboral,...es completamente distinto, tanto de trabajo como del salario" (1B).*

La prevención se ve como un elemento esencial para la integración sociolaboral, debiendo realizarse un trabajo desde la base y con recursos "graduados" a cada nivel de necesidad; así se refuerza la idea de una mayor coordinación y adecuación entre los recursos para acceder al mercado de trabajo.

En relación con el ámbito laboral: sobre las causas del fracaso de la inserción sociolaboral

Se deben fundamentalmente a la falta de motivación, de socialización normalizada dentro de las familias, a las carencias que tienen muchos jóvenes de hábitos básicos necesarios para su integración sociolaboral. *"La inadaptación en cuanto al cumplimiento de horarios y obligaciones. Falta de habilidades básicas para el trabajo (cumplir horarios, tareas, responsabilización, etcétera..." (16.1).*

La subcultura que generan determinados trabajos, como es el caso de la venta ambulante, manifestando los profesionales que han participado en el estudio que este tipo de trabajo genera normas y códigos a veces incompatibles con los del trabajo "normalizado" por cuenta ajena, desarrollados por personas sin problemas de integración.

Muchos chicos y chicas con deficiente socialización, que no sólo no han terminado la Educación Secundaria Obligatoria[6] (ESO), ni están en posesión del Graduado Escolar, sino que tienen dificultades para la lectoescritura, ya que no escriben con fluidez o son analfabetos funcionales; esta insuficiente formación mínima les impide en algunos casos acceder a los cursos básicos de formación para el empleo.

Muchas causas del fracaso las encontramos en las características personales y familiares que ejercen una fuerte influencia, tal es el caso de los chicos que apenas con 16 años ya son padres y tienen su propia familia.

> "...por un lado el fracaso social que ya traen, que repercute en un fracaso escolar y que a su vez desencadena el fracaso laboral..." (7C).
> "...Vivimos en una zona que tiene sus propias normas, sus propios códigos... para ti es una locura... faltar una semana y no llamar a tu trabajo para justificarla... para ellos es algo normal porque es que tenían motivos..." (1C).
> Es multifactorial:
> "Influyen varios factores, como el educativo, el fracaso escolar, la escasa formación y cualificación, la falta de centros de empleo..." (5B).
> "... Inadecuada relación entre la formación con el mercado laboral" (6H).
> "Las características del barrio. Desmotivación derivada del consumo de drogas, precariedad laboral y económica" (4H).

Estas características influyen en que accedan a trabajos precarios y de escasa continuidad.

No existen suficientes recursos de apoyo a la inserción que ejercieran de puente, como talleres prelaborales entre las situa-

---

[6] Educación Secundaria Obligatoria, en adelante ESO.

ciones de carencias de habilidades que los preparen para los cursos normalizados de formación; así como escuelas taller y otros apoyos que tendrían las funciones de prevención.

La inserción sociolaboral se ve como *"compleja y difícil debido a la escasa formación y a la inadaptación laboral..." (15.1)*.

En relación con el ámbito escolar: sobre el fracaso escolar y sus causas

Es un problema social que empeora las condiciones laborales, representando un problema de gran magnitud, pues influye en la riqueza social. El fracaso escolar, lejos de disminuir aumenta, es una situación que no se erradica, se repite año tras año. Es un factor importante que condiciona o puede condicionar el futuro desarrollo de la persona. Existen muchas causas y muy variadas, como serían:

"Situaciones de exclusión social, escasa conciencia de la importancia de la escolarización, desmotivación hacia un sistema arcaico e inhibidor de las potencialidades y necesidades individuales, desinformación, desinterés, absentismo" (E10,E11, E12,E13,E14,E1).
"Las causas no podemos buscarlas sólo en factores individuales sino educativos, sociales y culturales, sin ignorar la estrecha relación que existe entre buenos resultados académicos y procedencia social, principalmente su dependencia con el clima sociocultural imperante en la familia y en el entorno social" (E18).

Quizás el problema fundamental es la desmotivación por parte de los niños y de la familia hacia el sistema educativo, un sistema educativo creado por y para familias de clase media.

Se manifiesta un déficit de las funciones de socialización de la familia en un porcentaje importante de ellas, al considerar que no enseñan los prerrequisitos básicos necesarios que deben adquirirse en los primeros seis o siete años de vida en familia y que de no aprenderse en ese momento, imposibilitan el acceso al currículo y al aprendizaje posterior, cuando se carecen de las habilidades necesarias para ello.

"Por prerrequisitos estamos hablando de capacidad de atención, capacidad de concentración, capacidad de escucha, un nivel básico de lenguaje que tampoco tienen, el lenguaje impulsa el desarrollo de la inteligencia y, por tanto, la inteligencia no se desarrolla, ya que hay una pobreza de lenguaje importante, saber interaccionar de forma adecuada con sus compañeros y con el profesor, capacidad de autocontrol, etcétera" (4C).

Todos estos prerrequisitos son previos al aprendizaje y conforman una predisposición psicológica determinada, la cual permite acceder con normalidad y tener buenos resultados en el colegio o no, y eso una gran parte de estos alumnos no lo trae. También hay que hablar de organización de la casa, organización de la familia, establecimiento de rutina; nada de eso existe en las familias a la que pertenecen estos jóvenes, volviendo complicado y difícil que puedan "engancharse al tren" del aprendizaje.

"Fracasan porque no se adaptan. La disciplina, la organización, los horarios, la rutina de un centro no coinciden con el estilo de vida que ellos han aprendido y llevan" (10.1).
"No se adaptan bien al paso de primaria a secundaria" (2C).

Se entiende la figura del padre como la figura psicológica que supone el control, la disciplina, la proyección hacia el futuro; existe déficit en las familias, en los roles del *"padre"* y de la *"madre"*. Así, hay alumnos con una capacidad de esfuerzo mínima que necesitan tener un refuerzo inmediato.

"Lo que falta desde un punto de vista psicológico, es la figura que tradicionalmente han aportado los padres (roles de control y de pautas de socialización de relación con el entorno social y de trabajo), que es la frustración, el no poder... o sea, que el niño no lo tenga todo, que el padre imponga un NO en su momento, etcétera. Hay un exceso de madres (de roles maternos) (...) implica que tenemos un niño excesivamente mimado" (4C).

Falta autoridad y disciplina en el ámbito familiar, muchos jóvenes no tienen modelos positivos de éxito escolar ni normativo familiar a los que imitar.

La falta de prestigio de la educación por un sector muy importante del barrio presente una repercusión en la inclusión social y laboral.

El que muchas familias se dediquen a la venta ambulante, hecho que no favorece el éxito escolar, es una economía que tienen los hijos como una salida natural, y desde el punto de vista laboral, no tienen incentivo para el estudio.

El fracaso se ve como un problema multifactorial. Algunos de éstos son:

Familia, sistema educativo reglado, los mas media (11.1, 13.1). "afectivas y sanitarias" (14.1). "Situaciones de exclusión social, escasa conciencia de la importancia de la escolarización" (12.1). "Desmotivación hacia un sistema arcaico e inhibidor de las potencialidades y necesidades individuales, poco flexible" (15.1). Ausencia de pautas normalizadas, dinámicas familiares desestructuradas, relaciones paterno-filiales conflictivas. Problemática familiar" (16.1). "Absentismo" (17.1).

La influencia del *fracaso escolar* en la integración sociolaboral de los jóvenes de 16 a 24 años que habitan el Polígono Sur representa un factor fundamental de exclusión. Influye de manera directa en el fracaso escolar y provoca ausencia de formación y exclusión laboral. Es determinante porque reduce las posibilidades e incremente de forma negativa los problemas de inclusión social.

Aportaciones actuales y futuras desde los diferentes servicios

En el ámbito socio-educativo se deben aportar recursos sociales, realizar intervenciones preventivas mediante apoyo psicosociológico y educativo; desarrollar proyectos para prevención e intervenir en el absentismo escolar. Cuando los proyectos carecen de continuidad y de respaldo económico y político no hay progreso.

En relación con las familias, se imparte información, apoyo y asesoramiento a las familias y a los hijos, entre otras acciones.

Se realizan múltiples actividades y se desarrollan muchos programas fomentar el nivel formativo, aunque están dirigidos fundamentalmente a aquellos que adquirieron, y por tanto tienen, un buen nivel de lectoescritura.

Se destaca el trabajo en red de todos los sectores y entidades del barrio que se está promocionando desde hace unos años y que coordina el Comisionado para el Polígono Sur.

> "Lo que se hace desde mi servicio no está aislado (…) ya que desde hace unos años se está trabajando muy bien en red los dispositivos y las entidades tanto públicas como privadas que trabajan el tema del absentismo"((E1), y dándole un papel fundamental a la familia, involucrándola desde los Servicios Sociales, incluso la Policía de menores también está actuando, coordinados todos por el Comisionado". (E2), nuestro objetivo principal es ese (que se mantengan estudiando en el Instituto) (…), hay mucha gente detrás trabajando(…).y lo que intentamos con los diferentes recursos"(E5).

Respecto a lo que se podría hacer:

Desde el ámbito educativo, realizar reformas en el sistema educativo, se debe aumentar la formación, revisar el diseño curricular escolar, aumentar el número de profesorado de apoyo, ampliar la oferta existente a todos los centros y adaptaciones curriculares. Prevención del absentismo escolar.

Habría que empezar por prevenir el absentismo:

"la permanencia, cuanto más años, mejor para el alumnado en nuestro centro, esa es la clave. Para mí el fracaso escolar es que el niño deje de venir, ese es el fracaso escolar, no que suspenda aquí de forma generalizada. El tiempo que el niño está aquí está empapándose de valores, está empapándose de formas determinadas, de pautas educativas, se está empapando de cosas que posiblemente en su entorno no tenga. Entonces cuantos más años esté aquí más garantizamos su integración futura, porque más ensancha también el alumno su mente, más experiencia tiene de contacto con personas con otros valores, de personas con otros estilos educativos" (E4).

"Podemos hablar de proyectos más concretos que están funcionando muy bien, por ejemplo el Aula de Apoyo a la Integración, el Aula de Atención Personalizada que hay aquí o el mismo proyecto de integración contra el Absentismo; son experiencias concretas, no te podría decir que una es mejor que otra, todas a su nivel están funcionando muy bien porque tienen en común la personalización de la enseñanza, atienden de forma personalizada a estos alumnos a todos los niveles y permite obtener buenos resultados" (E5)

Desde los diferentes recursos sociales se debería crear un grupo de trabajo que investigara la realidad, e ir creando un desarrollo planificado; fomentar la coordinación de los dispositivos y programas que ya están trabajando sobre el tema, actuaciones de prevención del absentismo escolar, apoyar a las familias con carencias y objetos de intervención y trabajar las dificultades que arrastran a veces desde generaciones (E11, E15).

Variables que prevalecen como factores de prevención ante el fracaso escolar

Distintos profesionales manifiestan en diferentes apartados de las entrevistas la función tan importante de la familia como transmisor de comportamientos y valores que favorece la permanencia en la escuela, evitando el absentismo escolar. Así como *El apoyo familiar y el entorno familiar normalizado (E10)*.

Y como variables personales se encuentran *la motivación, la confianza, el profesionalismo, la seriedad, la dedicación, la percepción positiva de la formación y la motivación (E1, a E17)*.

La percepción de la situación del barrio de los jóvenes en situación de vulnerabilidad social, así como de los jóvenes insertados social y laboralmente

A continuación se expone una síntesis global de los discursos. En primer lugar, al nacer mención sobre el grupo de discusión compuesto por "chavales" que abandonaron el sistema educativo a edad temprana y que no se encuentran insertos en ningún recurso formativo o laboral, es necesario destacar que explican el abandono escolar debido a los factores estructurales de la zona y a la ineficacia de los recursos y servicios existentes en el barrio.

> La producción de la exclusión escolar, más que una patología del sistema, empezamos a pensar si no es algo intrínseco a su propio funcionamiento. La nueva modernidad ha generado nuevas fragilidades de las condiciones sociales. De ahí, nuestra especial sensibilidad por dirigir la mirada hacia todos aquellos factores y datos que evidencian una "exclusión escolar", máxime si son subsidiarios —como muchas veces acontece— de una paralela "exclusión social (Bolívar, López Calvo, 2009).

De este modo expresan que, aunque el deseo de los jóvenes es continuar —con los estudios, factores totalmente externos a ellos— como pueden ser la escasa calidad de los servicios de formación o la necesidad de aportar ingresos económicos a la familia, les impiden desarrollar una carrera formativa. Esta situación les lleva finalmente a una etapa de inactividad total a abandonan los estudios muy pronto, sin haber cumplido la edad que fija la obligatoriedad de escolarización y enfrentándose a graves obstáculos para insertarse en el ámbito laboral, destacando la ineficacia de los servicios de orientación y empleo existentes en la zona, que requieren cierto esfuerzo y exigencias administrativas, pero que al final no responden a sus expectativas.

Por otro lado, se destaca el escaso conocimiento que este grupo de jóvenes posee de los recursos existentes en la zona, al mencionar tan sólo "los cursillos" y a un profesional concreto del Centro de Orientación y Dinamización para el Empleo.

Otras de las causas que explican el desempleo y la inactividad de los jóvenes del barrio es la estigmatización que sufren los habitantes de la zona durante la selección para puestos de trabajo, destacando además que dichos estereotipos no corresponden con la realidad de Polígono Sur.

Culpabilizan a las entidades del barrio de su precaria situación laboral, llegando a manifestar que el robo y la delincuencia es la única alternativa viable ante tal desesperación económica. Así mismo, acusan a la policía de su implicación en el tráfico de drogas existente en la zona, reconociendo, no obstante, que los servicios públicos del barrio (transporte público, limpieza de calles, etcétera) han mejorado progresivamente en los últimos años.

En referencia a las posibles soluciones para la situación actual del barrio Polígono Sur, este grupo no aporta alternativas de intervención reales ni propuestas concretas.

En cuanto al grupo de discusión compuesto por jóvenes insertos en recursos de formación y empleo y con estudios académicos (en diferentes grados), mantienen un discurso más centrado en aspectos endógenos de la población de la zona para explicar el fracaso escolar y la exclusión sociolaboral existente. En este sentido, desarrollan un discurso más elaborado y complejo que el grupo anterior, haciendo alusión a la falta de educación y concienciación de los padres de los alumnos sobre la importancia de la escolarización de los hijos, así como el escaso apoyo al estudio que existe por parte de los referentes familiares. Muy al contrario de lo que ocurre en el grupo 1, los jóvenes del grupo de discusión 2 entienden que esta problemática se da de forma más acusada en el barrio Polígono Sur que en otras zonas de Sevilla, teniendo conciencia de las características que diferencian a esta población del resto de habitantes de la ciudad.

Su conocimiento acerca de los recursos de la zona es amplio, y reconocen programas específicos que se llevan a cabo desde los diversos centros educativos de primaria y secundaria.

Coinciden con el grupo anterior en reconocer la estigmatización que sufren los habitantes del barrio a la hora de ser seleccionado para un puesto de trabajo, aunque verbalizan que estos estereotipos se han construido sobre una base real, y más concretamente en la delincuencia y conflictividad social que caracteriza a la zona. De ahí que perciban la educación como la vía para iniciar la necesaria transformación social de Polígono Sur.

En relación a la influencia que pueda tener la droga en el fracaso escolar y desempleo de los jóvenes, su discurso es también más amplio y elaborado que el del grupo 1. Diferencian básicamente entre las personas que trafican y las personas que consumen. En el primer caso, es el nivel económico alcanzado el que promueve cierta dejadez y pasividad ante la formación académica y en el segundo, relacionan el consumo de drogas con la persistencia en la calle, la pérdida de interés y el absentismo escolar, lo que conlleva un inevitable fracaso escolar y abandono de los estudios.

Realizan varias propuestas para la mejora de la realidad del barrio, siendo el punto más importante la carencia de educación y culturización de la población, pues según su criterio, la verdadera transformación social debe nacer de la evolución de las propias familias y no de la ayuda asistencial de las entidades que se encuentran en la zona.

CONCLUSIONES

Sobre las causas del fracaso escolar, son, principalmente, la baja motivación que muestran estos jóvenes hacia la formación y el aprendizaje, así como la falta de estímulos familiares relacionados con la falta de normas y pautas de conducta.

Éste un tema complejo, pudiéndose decir que inciden factores personales (falta de motivación y desvalor del sistema educativo, etcétera), familiares (no valorar la formación, dejadez en las funciones parentales, entre otros), así como estructurales (éxito y fracaso escolar que integra o excluye socialmente). Los ingresos familiares conformarán la economía y la ubicación espacial que influye de forma muy especial en el entorno de los menores y los jóvenes.

Se advierte también la influencia de la falta de prestigio que tiene la educación en determinados grupos de la población, sobre todo para aquellos que no les es necesario para su sustento, como pueden ser los grupos que se dedican a la venta ambulante, o los que se dedican a traficar con drogas.

Los jóvenes manifiestan que influye de forma significativa la estigmatización de la población de la zona, y la falta de formación académica que, sea por un motivo u otro, existe entre los jóvenes del barrio. Así como la necesidad de flexibilización-adaptación del sistema educativo para con a las personas. También influye la existencia de un alto tráfico y consumo de drogas a gran escala en la zona, unidas a las carencia de salud pública e inseguridad ciudadana.

Y en relación a las acciones para la inserción-integración social en zonas de transformación social se manifiesta que: se está realizando una gran variedad de acciones en relación con la prevención y atención del absentismo escolar, así como a la inserción sociolaboral. Algunas de ellas son las siguientes: orientación, asesoramiento, apoyo económico, información a familias y jóvenes. Programas socioeducativos y escuelas de verano. Acciones coordinadas con Andalucía Orienta. Mesas de trabajo sobre el absentismo escolar, entre otros.

ANEXOS

Entrevistados

1. Educador de CODE
2. Educador Social del Proyecto Abanico
3. Entrevista a EE, educador social del proyecto E...
4. Entrevista al orientador del IES Polígono Sur, Manuel Ruiz.
5. La entrevista se realiza al presidente entre amigos
6. Entrevista a jefe de estudios del Instituto AA.
7. Entrevista al párroco de la Parroquia San José Obrero.
8. La entrevista se realiza a técnico de la Parroquia San Pío X.
9. Entrevista Técnico coordinadora de actividades de adolescentes de la Asociación ALBOREAR, en la barriada F...
10. Educador de Servicios Sociales
11. Educador de Servicios Sociales
12. Trabajadora Social de Servicios Sociales
13. Trabajadora Social de Servicios Sociales
14. Trabajadora Social de Servicios Sociales
15. Trabajadora Social de Servicios Sociales

16. Trabajadora Social de Servicios Sociales
17. Trabajadora Social de Servicios Sociales
18. Educador de la Fiscalía de Menores

Preguntas a profesionales

Nº	Preguntas a profesionales

A. ¿Qué piensa del fracaso escolar?

1. ¿Cuáles son las causas?
2. ¿Cómo ve el fracaso escolar en general?
3. ¿Cómo piensa que influye el fracaso escolar en la integración sociolaboral de los jóvenes del Polígono Sur de 16 a 24 años?
4. ¿Qué se está haciendo a nivel educativo?
5. ¿Que se está haciendo a nivel sociolaboral?
6. ¿Qué se hace desde su servicio?
7. ¿Qué se podría hacer?
8. ¿Conoce alguna persona del barrio como referente de éxito escolar?
9. ¿Cuál piensa que ha sido la clave para su éxito?
10. ¿Conoce alguna persona del barrio con una experiencia positiva en el ámbito educativo-formativo?
11. Piensa que influye el consumo de sustancias estupefacientes en el fracaso escolar. ¿En que medida?

B. ¿Qué piensa de la inserción sociolaboral?

12. ¿Cómo ve la inserción sociolaboral en general?
13. ¿Cómo ve la inserción sociolaboral de jóvenes de 16-24 años?

14. ¿Cómo ve la inserción sociolaboral de jóvenes 16 a 24 años en el barrio Polígono Sur?
15. ¿Cuál es la causa del fracaso de la inserción sociolaboral de jóvenes 16 a 24 años?
16. ¿Qué se está haciendo para integrar a los jóvenes 16 a 24 años del Polígono Sur?
17. ¿Qué se hace desde su servicio?
18. ¿Qué se podría hacer?
19. ¿Qué programas conoce que ayuden a la inserción sociolaboral?
20. ¿Conoce alguna persona del barrio con una experiencia positiva de inserción laboral?

Preguntas a profesionales

Nº	Preguntas orientativas para el grupo de discusión GRUPO:_____

A. ¿Qué piensa del fracaso escolar?

21. ¿Cuáles son las causas?
22. ¿Cómo ve el fracaso escolar en general y en su barrio en particular?
23. ¿Qué se está haciendo a nivel educativo?
24. ¿Qué se podría hacer?
25. Piensa que influye el consumo de sustancias estupefacientes en el fracaso escolar. ¿En qué medida?

B. ¿Qué piensa de la inserción sociolaboral?

26. ¿Cómo ve la inserción sociolaboral en general y de los jóvenes de 16-24 años en particular?

27. ¿Qué se está haciendo para integrar a los jóvenes 16 a 24 años del Polígono Sur?
28. ¿Qué se podría hacer?
29. ¿Qué programas conoce que ayuden a la inserción sociolaboral?
30. ¿Conoce alguna persona del barrio con una experiencia positiva de inserción laboral?

REFERENCIAS

Alber Verdú, C. (2008) (dir.). *Exclusión social y pobreza: transición educativo-formativa e inserción laboral de la población joven*. Madrid: Universidad de Alcalá. Recuperado de http://www.seg-social.es/prdi00/groups/public/documents/binario/115788.pdf

Aguilar Ramos, I. (2005). *La inserción laboral de los jóvenes en España. Un enfoque macroeconométrico*. Madrid: Civitas.

Braña, F.J. y Antón, J.I. (2007). *Determinantes de la inserción laboral de los jóvenes en España. Revisión y nueva evidencia empírica*. VII Jornadas de la Asociación Española de Economía Laboral, Gran Canaria, julio.

Bandura, A. (1977). *Teoría del aprendizaje social*. Madrid: Espasa.

Bolivar, A. y López, L. (2009). Las grandes cifras del fracaso y los riesgos de exclusión educativa. En *Revista de currículum y formación del profesorado, 13*, (3), 51-78.

Comisionado del Polígono Sur (2005). *Plan Integral del Polígono Sur*. Sevilla: Editorial.

_____ (2009). *Propuesta manual de procedimiento de prevención control y seguimiento del absentismo escolar*. Sevilla: CPS.

Defensor del Pueblo Andaluz (1999). *Absentismo en Andalucía*. Sevilla: DPA.

Informe del observatorio español sobre drogas (2009). *Situación y tendencias de los problemas de drogas en España*. Madrid: Ministerio de Sanidad y Política Social.

Informe de la comisión clínica (2009). *Cannabis II*, Madrid, Ministerio de Sanidad y Política Social.

Instituto Nacional de Estadística (2009). Recuperado de www. INE.es

Marchesi, Á. (2003). *El fracaso escolar en España*. Fundación Alternativas, Documento de Trabajo 11/2003.

Ministerio de educación y ciencia (2005). *Fracaso escolar por CCAA*. Madrid: ME.

Ministerio de educación (2009). *Panorama de la educación. Indicadores de la OCDE 2009. Informe español*. Madrid, España: ME.

———— (2010). *Datos y Cifras Curso escolar 2010-2011*. Madrid: ME.

Morin, E. (2001). *La mente bien ordenada*. Barcelona: Seix Barrall.

Navarrete, L. (2007) (dir.). *Jóvenes y fracaso escolar en España*. Madrid: Instituto de la Juventud.

Navarro, J. (2009). *La situación del alumnado de etnia gitana en el sistema la Región de Murcia: Sus logros y limitaciones. Anales de Historia Contemporánea*. Murcia: Universidad de Murcia.

OCDE (2009). *Informe español*. Madrid: ME.

———— (2009). *Education at Glance*. París, Francia: OCDE. Recuperado de http://www.oecd.org/edu/eag2008.

ONU (1996). *Programa de acción mundial de la juventud*. Beijing: ONU-A/RES/50/81.

OIS (2010). *Informe de la inclusión social en España 2009*. Barcelona: Fundació Caixa Catalunya.

Rincón, B. y Manzanares, M.A. (coords.) (2004). *Intervención psicosocioeducativa en contextos diversos*. Barcelona: Praxis.

Sen, A. (2000). *Desarrollo y libertad*. Barcelona: Planeta.

Sen, Amatya K. (s.f.). Capacidad y bienestar. Enciclopedia virtual eumed.net. Recuperado de http://www.eumed.net/cursecon/economistas/textos/Sen-capacidad_y_bienestar.htm

UNICEF (2010). *La Infancia en España 2010-2011.* Madrid: Ministerio de Educación.

Buenas prácticas docentes en contextos de vulnerabilidad y exclusión social

Magdalena Jiménez Ramírez

INTRODUCCIÓN

En la sociedad actual acontece una serie de transformaciones económicas, culturales, sociales y educativas que, de forma paralela, hacen visibles nuevos patrones de división social cada vez más excluyentes, generados desde y por un contexto globalizado que afecta a personas y colectivos de población cada vez más amplios y diversos. Estos procesos de exclusión se ven acentuados por un debilitamiento de las dotaciones del Estado del bienestar y por un desarrollo creciente de las tendencias neoliberales que se están consolidando, que hacen recaer sobre los propios individuos la responsabilidad de su situación de exclusión.

Como hemos argumentado en algún otro escrito:

> [...] la Nueva Derecha suele argüir, para defender el capitalismo neoliberal competitivo, que los pobres son los primeros responsables de su condición y que es el Estado del Bienestar el que ha propiciado la aparición de una infraclase subsidiada con falta de capacidad moral y de voluntad de inserción. De ese modo pretenden invertir las perspectivas críticas [...] que sitúan la génesis de la miseria material y moral de los excluidos en la sociedad que los fabrica y los excluye (Jiménez, Luengo & Taberner, 2009, p. 15-16).

Ante las transformaciones acontecidas, es prioritario contribuir al desarrollo de sociedades más inclusivas que analicen los factores, situaciones y trayectorias biográficas en que se produce la exclusión de derechos fundamentales, siendo el sistema educativo un medio imprescindible para permitir la inclusión social de la ciudadanía mediante el principio democrático del desarrollo del derecho a la educación. En consecuencia, en el segundo apartado de este capítulo describimos la exclusión educativa —como resultado final del "fracaso escolar"— analizándola como algo dinámico, multidimensional, relacional, desarrollada en un *continuum* procesual y con diferentes zonas de riesgo y vulnerabilidad. Se visibiliza un complejo entramado de interrelaciones que hace necesario elaborar esquemas de comprensión "ecológicos".

También abordamos en el tercer apartado el análisis y la descripción de las *buenas prácticas* docentes como actuaciones sistémicas desarrolladas en contextos de especial vulnerabilidad social tendientes a contrarrestar o a reducir los procesos excluyentes, a fomentar la cohesión social desde el ámbito educativo. Partiendo de una metodología cualitativa de investigación, mostramos en el cuarto apartado los ámbitos de análisis relacionados con las *buenas prácticas* docentes que destacan los miembros de la comunidad educativa, que están siendo desarrolladas desde las distintas medidas de atención a la diversidad contempladas y que promueven el fomento de la inclusión educativa y social en la Educación Secundaria Obligatoria —ESO— en tres centros de Educación Secundaria de titularidad pública de la provincia de Granada, en la Comunidad Autónoma de Andalucía.[1] Finalmente, esbozamos un apartado con algunas conclusiones.

[1] El desarrollo de este capítulo se realiza, en parte, como consecuencia de la participación en un proyecto de investigación titulado "Estudiantes en riesgo de exclusión educativa en la ESO: situación, programas y buenas prácticas en la Comunidad Autóno-

CONCEPTUALIZACIÓN DE LA EXCLUSIÓN SOCIAL Y EDUCATIVA EN UN CONTEXTO DE CAMBIO

La noción de exclusión social ha adquirido un protagonismo creciente como consecuencia de las transformaciones de las principales dimensiones que configuraron la *sociedad moderna* y que han trastocado las bases del Estado del Bienestar. Esas dimensiones se muestran en la actualidad como "categorías zombis" (Beck, 2003) y su alteración ha configurado un nuevo contexto social con lógicas organizativas distintas que han generado diferentes formas de desigualdad y vulnerabilidad social (Tezanos, 2001) en las que la exclusión social aparece como un elemento estructurador de esas nuevas lógicas desigualitarias.

En este entramado complejo social, la formación de las personas se erige como un instrumento fundamental que capacita para el acceso y la participación de los derechos derivados de la *ciudadanía* (Karsz, 2004). Sin embargo, esa importante finalidad formativa se está viendo mermada si consideramos las cifras de fracaso escolar existentes,[2] que dejan al descubierto desde la perspectiva educativa procesos de vulnerabilidad y exclusión que desembocan en la no consecución de unas "competencias clave" (Eurydice, 2002) o competencias básicas (LOE, 2006) por parte de algunos estudiantes. Precisamente, esta situación de privación del disfrute del derecho a la educación es un hecho que hace visible una distribución desigual en el acceso y disfrute de derechos elementales, que todavía son negados a los sujetos

---

ma de Andalucía", desarrollado y financiado en el marco del Plan Nacional I+D+I 2006-2009 (SEJ 2006-14992-C06-04/EDUC).

[2] Pueden consultarse las estadísticas sobre educación para las enseñanzas no universitarias en la página del Ministerio de Educación, http://www.educacion.gob.es/horizontales/estadisticas/no-universitaria.html. También se puede consultar Bolívar Botía, A. y López Calvo, L. (2009), "Las grandes cifras del fracaso y los riesgos de exclusión educativa", en *Revista de Currículum y Formación del Profesorado*, *13*, (3), 51-78, http://www.ugr.es/~recfpro/rev133ART2.pdf.

más vulnerables dentro de nuestras sociedades desarrolladas y que dificultan la cohesión social (Sen, 2008).

Así, debemos analizar el desarrollo de la exclusión considerando que no existe una construcción neutra de esas situaciones (Karsz, 2005) y que desde el sistema educativo se produce un reconocimiento de factores, dinámicas y hechos que potencian los procesos de riesgo de exclusión escolar. Al ser caracterizado como un proceso, hablamos de trayectorias personales, escolares y sociales construidas con base en distintos factores dentro de un *continuum* (Escudero, 2005a) y no como algo "episódico y desconectado" (Escudero & Bolívar, 2008). Por tanto, al tratarse de una construcción social y cultural sobre la realidad escolar nos posibilita pensar en la existencia de actuaciones alternativas (Martínez, 2008; Martos, 2008), por ejemplo, las *buenas prácticas* docentes, que reduzcan o contrarresten esas situaciones de riesgo de exclusión del alumnado (Escudero & Bolívar, 2008).

En el sistema educativo, la realidad más conocida y patente de exclusión se manifiesta en el término "borroso" (Escudero, González & Martínez, 2009) del fracaso escolar y en sus "aledaños" —absentismo, abandono escolar, repeticiones—, designando procesos construidos que reflejan posibilidades de desajustes, deserción o desenganche escolar y que también certifican la exclusión desde una visión terminal y aislada, olvidando la necesidad de analizar la multitud de causas que han configurado esa situación de exclusión. Además, conlleva una serie de "efectos colaterales" que merman la participación en otras esferas de la ciudadanía social, al constatarse el hecho de que esta problemática no sólo es escolar, sino una situación con repercusiones individuales y sociales.

Esta trayectoria excluyente sobre el fracaso escolar debe ser analizada considerando un conjunto amplio de factores, condiciones, estructuras y procesos que la han provocado y que configura trayectorias biográficas que visibilizan "rostros de exclusión" (Bolívar & Gijón, 2008; Martínez, 2008; Martos, 2008; Subirats, 2006). Este análisis debe estar articulado con la organización social en la que se inscribe y desarrolla (Karsz, 2005), sobre todo, porque se focaliza el problema sólo en el alumnado olvidando la responsabilidad de las políticas, de otras instituciones o agentes.

En este sentido, Bauman (2005) ha destacado cómo en la *moderna economía* que se está configurando, la individualización y la privatización del fracaso aparecen como elementos generados por la propia persona y, en consecuencia, hace responsable al individuo de su situación, eximiendo de responsabilidad a las instituciones educativas y sociales, así como a los actores implicados en el proceso educativo. Esta perspectiva también ha sido analizada por Lindblad y Popkewitz (2001),[3] al hablar de los "efectos del poder" y su interés en analizar cómo se producen socialmente las categorías de clase, etnia y género —vinculadas con las desigualdades sociales—, utilizando para ello en la investigación lo que han denominado "sistemas de razón", construidos por las representaciones y normas de acción que crean conciencia, subjetividad, identidad, etcétera, que diferencian, dividen y clasifican la participación y la propia acción de los individuos, constituyéndose en sistemas que "gobiernan" tanto la conducta como el pensamiento del sujeto.

Según estas reflexiones, la perspectiva de la exclusión escolar nos permite partir de una propuesta analítica más amplia desde la cual analizar y comprender el fracaso escolar como forma de exclusión educativa (Escudero, 2005a; Escudero,

---

[3] Estos autores analizan las prácticas discursivas en educación para desvelar el efecto del poder a través de los *sistemas de razón*. Este paradigma se analizó en un proyecto de investigación financiado por la Unión Europea denominado *Education governance and social inclusion and exclusion in Europe* (EGSIE), Proyecto europeo de investigación nº SOE2-CT97-2028.

González & Martínez, 2009; González, 2006), sobre todo considerando la diversidad de factores a los que obedece, así como las estructuras y dinámicas que participan tanto en la construcción como en su desarrollo y certificación. En consecuencia, las interpretaciones unidimensionales sobre el fracaso escolar son inexactas para explicar un fenómeno complejo que no existe al margen del discurso teórico y político que lo encuadra y construye, le da sentido y selecciona factores y dimensiones como relevantes o despreciables.

Por tanto, considerar la perspectiva de la exclusión educativa tomando como fundamento teórico-analítico las propuestas elaboradas en los diferentes estudios sobre exclusión social (Lindblad & Popkewitz, 1999; Castel, 2004; Karsz, 2005) nos permite ofrecer una construcción teórica del fenómeno como un proceso, en el que se muestra un *continuum* de zonas en las que se presenta, se conjuga y se retroalimenta una multitud de factores y elementos dinámicos y cambiantes. Esta "perspectiva de la exclusión educativa" es el núcleo fundamental de trabajo de la investigación presente, aunque podemos encontrar otras aportaciones previas y recientes (Escudero 2005a; Escudero, González & Martínez, 2009) en las que también se ha considerado este enfoque de estudio.

Tomando como referente los aportes teóricos previos, adoptamos de forma sintética cinco dimensiones desde las que abordar la "perspectiva de la exclusión educativa". La primera hace referencia a aquello de lo que priva la exclusión educativa, es decir, *de qué son excluidos los sujetos y desde qué parámetros lo afirmamos*. La exclusión educativa se sitúa en relación con los derechos de la *ciudadanía*, en este caso, referida al desarrollo del derecho a la educación y a la adquisición de unas *competencias* básicas (Bolívar & Pereyra, 2006; Luengo, Luzón & Torres, 2008).

La segunda dimensión especifica que la *exclusión educativa merece entenderse como un continuo con zonas intermedias entre la exclusión y la inclusión*. La aportación de Castel (2004) ilustra la existencia de un *continuum* entre la integración y la exclusión al existir distintas zonas de riesgo en función de los factores considerados. Así, el fracaso escolar es un fenómeno que debe ser analizado con un carácter procesual (Dubet, 1996) por el que discurre ininterrumpidamente el individuo, donde existen unas zonas de mayor o menor vulnerabilidad de que el alumnado pueda ser privado de los contenidos y aprendizajes escolares. Ante esta situación de riesgo se prevén distintas respuestas que emergen en el contexto de la democratización de la educación, referidas a las medidas extraordinarias de atención a la diversidad.

Desde este análisis de la exclusión como un *continuum*, destacamos la existencia de una *diversidad de formas de exclusión educativa*. Sen (2000a) se centra en el enfoque de las capacidades, y describe que la pobreza y la exclusión social deben concebirse como una privación de capacidades básicas para alcanzar determinados niveles de vida mínimamente aceptables, relacionados con la privación de derechos elementales (Sen, 2008). En este sentido, el autor explicita que "cuanto mayor sea la cobertura de la educación básica (…) más probable es que incluso las personas potencialmente pobres tengan más oportunidades de vencer la miseria" (Sen, 2000a, p. 118). Así, describe la existencia de una variedad de formas de exclusión social reconociendo que es algo versátil y cuyo trasfondo ofrece una dimensión que va más allá de la pobreza como algo material (Sen, 2000b).

En esta acotación de la exclusión educativa consideramos que la misma es una *categoría relacional* dentro de un contexto social. Como afirma Karsz (2005, p. 22), "a fin de cuentas, es imposible que existan exclusiones no sociales, pre-sociales o post-sociales (…) la exclusión es social por definición, por esencia, por énfasis y redundancia". En consecuencia, es interesante subrayar que la condición de exclusión social y/o escolar no es una propiedad personal, "nadie nace excluido, se hace" (Castel, 2004, p. 57).

Finalmente, se requiere de *modelos teóricos multifactoriales* para el análisis de la exclusión que hacen de ésta un acontecimiento complejo que encierra un carácter multidimensional (Littlewood & otros 2005). Por tanto, se proponen modelos teóricos de análisis sobre la exclusión educativa que sean *ecológicos* (Escudero & otros, 2009; Sellman & otros 2002), para poder conocer y valorar las múltiples facetas y trayectorias de este fenómeno social y escolar con carácter poliédrico. En este trabajo se ha optado por un marco de análisis relacionado con las *buenas prácticas* que caracterizan las decisiones y pautas organizativas, culturales y relacionales que se llevan a cabo en algunas instituciones escolares en contextos de vulnerabilidad.

SIGNIFICACIÓN Y DIMENSIONES DEL ANÁLISIS DE LAS BUENAS PRÁCTICAS DOCENTES

Al igual que la noción de exclusión social, el concepto de *buenas prácticas* requiere de un análisis que determine a qué nos referimos cuando hablamos de las mismas. Encontramos que el concepto goza de reconocimiento en la literatura, aunque conlleva considerables márgenes de interpretación para su análisis y requiere de notables precisiones para su explicación, puesto que nos referimos a un fenómeno complejo en el que influyen distintos factores y condiciones que deben ser valoradas para delimitar el tema. El ámbito de procedencia de las *buenas prácticas* —igual que la procedencia de la exclusión social— es el económico relacionado con el *benchmarking*, referido a la gestión de la calidad, al establecimiento de indicadores de eficacia con el fin de conseguir los mejores resultados atendiendo a unas determinadas condiciones de competitividad, en las que se identifiquen y desarrollen las mejores prácticas para conseguir un rendimiento óptimo (Epper, 2004).

Desde la perspectiva económica, su utilización se ha extendido hacia otras esferas, aplicándose las *buenas prácticas* a diversos ámbitos de estudio, tanto sociales como educativos, para promover la inclusión social. Así, se ha vuelto habitual su uso en diferentes áreas relacionados con los estudios sociales promovidos por la Cruz Roja Española y dirigidos hacia diferentes colectivos de excluidos —menores inmigrantes no acompañados, desarrollo de núcleos familiares en dificultad social y mujeres inmigrantes—. En la misma dirección, otras aportaciones en nuestro contexto español visibilizan actuaciones sobre *buenas prácticas* aplicadas en contextos de desarrollo diferentes y sobre casos particulares (Aparicio & Tornos, 2004; Ballart & Monterde, 2005; Cabrera, 2003).

Las *buenas prácticas* en el ámbito educativo también son evidentes y se han desarrollado desde diferentes perspectivas analíticas. Estas reflexiones se han propiciado desde niveles distintos y con finalidades variadas según las políticas consideradas y las formas de gobernar en y desde los sistemas educativos en relación con los procesos de inclusión-exclusión social (Popkewitz & Linbland, 2005). Aunque en el texto aludimos a otros referentes teóricos sobre *buenas prácticas* en educación, más desde una perspectiva de contextualización desde el centro escolar para atender al alumnado en riesgo de exclusión, mencionamos que el concepto fue impulsado por el programa de la UNESCO *Educación para todos*, con la pretensión de establecer criterios de *buenas prácticas* que fuesen divulgadas para compartir experiencias innovadoras (Braslavsky, Abdoulaye & Patiño, 2003) y, más recientemente, de fomento de la inclusión en educación (UNESCO, 2008, 2009).

En este acercamiento para caracterizar y definir las *buenas prácticas* en relación con lo educativo, la revisión de la literatura realizada por Escudero (2008) nos ofrece un abanico amplio de interpretaciones sobre qué y cuáles son las diferentes dimensiones y criterios en que se fundamentan, encontrándonos, en consecuencia, con la inexistencia de un único significado que pueda ser generalizable sobre *buenas prácticas* (Escudero & Bolívar, 2008), dado que su naturaleza es compleja, multidimensional y relativa. Una de las orientaciones presentes en el campo educativo está relacionada con la perspectiva economicista, que vincula las *buenas prácticas* con formas de actuación docentes que constaten el logro de aprendizajes excelentes del alumnado a través de la medición de sus conocimientos mediante de pruebas que pueden conllevar de manera paralela la estandarización de los resultados. Desde esta visión, las *buenas prácticas* son consideradas para promover criterios de estandarización, acorde con cuestiones de productividad, excelencia y competitividad y producen, en consecuencia, situaciones de exclusión, hecho que ha sido criticado desde la literatura porque también conlleva la conversión de los centros educativos en meros suministradores de servicios educativos conforme a la demanda de los usuarios, introduciendo en educación todo el discurso de los cuasimercados (Whitty, 2001).

Desde otro prisma, las *buenas prácticas* también se relacionan con el desarrollo de planteamientos de la escuela inclusiva —apoyándose en el principio de equidad— y del desarrollo de prácticas docentes dentro de los sistemas educativos que garanticen la inclusión del alumnado más susceptible de sufrir procesos de exclusión escolar, mostrándose la importancia que tiene el profesorado para desarrollar estos procesos favorecedores para el aprendizaje de todo el alumnado (Ainscow, 2008; Escudero & Martínez, 2011). También constatamos que las *buenas prácticas* están vinculadas con el docente en la medida en que se alude a la necesidad de mejorar y de innovar en la práctica diaria para introducir cambios metodológicos y pedagógicos más vinculados con las nuevas necesidades del contexto. Pablos (2008) identifica las *buenas prácticas* como un concepto de innovación educativa, entendiéndolo como "un proceso de cambio que debe incidir en las formas de construcción del conocimiento, en la configuración de nuevos entornos de enseñanza-aprendizaje y en la transformación de la cultura escolar y docente".

Por lo tanto, el mejoramiento de la práctica docente debe conllevar una acción pedagógica reflexiva que contribuya a la transformación de la escuela y al cambio, así como a la mejora en los centros escolares (Bolívar, 2002). Este autor introduce el concepto de cambio vinculado al de innovación y considera que, para que los cambios educativos lleguen a "calar" en las aulas, tienen que generarse desde dentro y capacitar al centro para desarrollar su propia cultura innovadora, potenciar la toma de decisiones e implicar al profesorado en un análisis reflexivo de sus prácticas. Así, nos identificamos con las palabras de González Ramírez (2007, p. 33) al afirmar que "implemente una buena práctica siempre tiene una visión prospectiva de la realidad, y que la organización/institución en su conjunto tiene una actitud de cambio e innovación en su contexto de referencia".

Desde nuestra investigación,[4] la orientación hacia las *buenas prácticas* ha conllevado una caracterización referida a la definición, identificación y descripción de las actuaciones llevadas a cabo por el personal docente ante los factores de riesgo de exclusión escolar del alumnado vulnerable que está matriculado en los diferentes programas de atención a la diversidad en la ESO. En este sentido, nos interesa destacar que el establecimiento de criterios propios sobre *buenas prácticas* docentes se han

---

[4] Para una revisión más a profundidad se puede consultar el monográfico "Fracaso escolar y exclusión educativa", *13* (3), 2009, de la *Revista de Currículum y Formación de Profesorado*, donde aparecen distintos artículos sobre el tema http://www.ugr.es/~recfpro/.

utilizado como referentes con los que mirar, analizar y exponer las experiencias recabadas y no tanto como "marcas normativas y discretas para determinar si una experiencia concreta en un centro los satisface o no" (Escudero, 2008). Máxime si consideramos que "una buena práctica nunca puede ser única, fija o abstracta, ni una predeterminación impuesta por alguien desde algún lugar o posición" (Coffield & Edward, 2009, p. 388).

En consecuencia, la pretensión de establecer una única definición de *buenas prácticas* es una tarea compleja y quizá imposible, dado que "una práctica, en esencia, no es una entidad plenamente hecha, sino una realidad activa y dinámicamente creada por quien o quienes la piensan y la desarrollan" (Escudero, 2009, p. 115). Por tanto, las *buenas prácticas* no pueden considerarse ni ser analizadas al margen de determinados contextos sociales y escolares, así como de la realidad del alumnado, su trayectoria y su contexto social y familiar, sin olvidarnos de las dinámicas acontecidas en los centros, en el currículo y en el profesorado (Escudero & Bolívar, 2008), puesto que las mismas obedecen a unas lógicas propias del funcionamiento y dinamismo de cada centro escolar que las elabora y define de acuerdo con sus propias necesidades.

Marqués (2005) caracteriza las *buenas prácticas* docentes como "las intervenciones educativas que facilitan el desarrollo de actividades de aprendizaje en las que se logren con eficacia los objetivos formativos previstos y también otros aprendizajes de alto valor educativo, como por ejemplo una mayor incidencia en colectivos marginados, menor fracaso escolar en general, mayor profundidad en los aprendizajes… La bondad de las intervenciones docentes se analiza y valora mediante la evaluación contextual". Desde el marco teórico de la investigación en cuestión, las *buenas prácticas* deben ser consideradas como "un continuo en el que pudieran reflejarse niveles diferentes en los que aprecíar una selección razonable y justificada de contenidos y aprendizajes, en relación con el alumnado con que se trabaja y las posibilidades estimadas de sacar de ellos el máximo posible que, seguramente, estará alejado de lo que podría ser el máximo deseable y, desde luego, el máximo según el currículo oficial" (Escudero, 2008).

De esta complejidad expuesta se desprende la necesidad de analizar las *buenas prácticas* estableciendo diferentes dimensiones y criterios relacionados con las respuestas al riesgo de exclusión académica, personal y social del alumnado más vulnerable. La revisión de la literatura realizada por Escudero (2008) aporta diferentes acercamientos e interpretaciones de buenas prácticas en torno a las respuestas del riesgo de exclusión educativa (Johnson & Rudolph, 2001; *Alliance for Excellent Education*, 2002) y destaca una serie de criterios y listados de aspectos que podrían considerarse para el análisis de las *buenas prácticas* sobre la respuesta al riesgo de exclusión educativa. Sin embargo, más que referir un listado de indicadores y aspectos sobre los que intervenir, nos parece más pertinente reflejar otras propuestas que giran sobre una serie de núcleos que ofrecen una visión más de conjunto y contextualizada sobre otras dimensiones a considerar por su influencia en el riesgo de exclusión educativa del alumnado. A tal efecto, se pueden consultar los trabajos de Lingard y Mills (2007), Munn (2007) y Coffield y Edward (2009), valorados por Escudero (2008).

Para el análisis particular de la investigación, tomamos de Escudero (2009) el esquema propuesto, vertebrado alrededor de tres ejes. El primero referido al *núcleo pedagógico* de los programas (perspectivas teóricas, alumnado, currículo, enseñanza y evaluación de los aprendizajes), sin olvidar la relación de estos elementos con el contexto escolar, las normas administrativas y las condiciones representadas por políticas sociales y educativas; el segundo eje es el *centro escolar* y el *profesorado* u otros agentes implicados en el desarrollo y la implementación de esos programas de atención a la diversidad; el último elemento son las *redes sociales y comunitarias* para garantizar al alumnado en riesgo vínculos de apoyo.

RELATOS QUE CARACTERIZAN LAS BUENAS PRÁCTICAS DOCENTES EN LOS CENTROS DE EDUCACIÓN SECUNDARIA

En este apartado describimos las respuestas legislativas, organizativas, pedagógicas y didácticas que han sido identificas y analizadas en tres centros de ESO, relativas al desarrollo de *buenas prácticas* docentes con el alumnado que está cursando algún programa de atención a la diversidad. Este alumnado, aun habiendo accedido y permanecido durante algunos años en la ESO, encontró en su trayectoria escolar dificultades importantes para progresar en esta etapa y obtener la graduación correspondiente; en consecuencia, se encuentra en situación de vulnerabilidad y riesgo de padecer exclusión escolar.

Esa panorámica descriptiva la realizamos apoyándonos en los relatos emitidos por diferentes miembros de la comunidad educativa que han participado en la realización de entrevistas a profundidad (34 entrevistas realizadas a profesorado, equipo directivo, personal del departamento de Orientación, miembros de asociaciones y colectivo de madres mediadoras) y que son responsables de aplicar en los centros las medidas citadas. En el esquema de análisis explicado anteriormente, las diferentes categorías se han utilizado como elementos posibles para el análisis y la interpretación en cada caso concreto atendiendo al contexto relacional en el que se desarrollan porque, aludiendo a Marquès (2005), "no existe ninguna práctica docente que sea la mejor" ni pueden verse como algo fijo o impuesto, más bien diríamos que es fruto de acciones desarrolladas entre el profesorado y la comunidad educativa en un determinado contexto.

Los centros analizados son centros públicos y se encuentran localizados en contextos de déficit económico, social, cultural y educativo. Concentran a un conjunto de alumnado en riesgo de exclusión para el cual los centros tienen especificadas medidas de atención a la diversidad contempladas en la legislación, en concreto, Programas de Diversificación Curricular (PDC), Programas de Garantía Social (PGS), Programas de Apoyo y Refuerzo, y Programas de Compensación Educativa.

Considerando el *núcleo pedagógico* de los programas, los contenidos de interés se ubican dentro de la programación para propiciar un aprendizaje de los mismos relacionándolos con situaciones de la vida diaria:

> Exacto, todos tienen motos y todos las toquetean, les abren el motor, cada dos por tres es: "maestro, que la moto que tiene esto. Yo le podría acertar…", es decir, tienen el gusanillo, pero es "los motores y la gasolina" lo que más les gustan, entonces ese tema de motores yo lo pongo más o menos en medio de la programación: C2-PPGS):[5] (Por ejemplo, con el *tuning* lo que he hecho ha sido decir "si cuesta tanto", "cuesta tanto arreglar un Opel Astra, pues entonces el precio base de un Opel Astra cuánto", en pintura te has gastado tanto, en tal te has gastado tanto, en ruedas, en eso, que hagan sumas, que trabajen con eso y luego el precio total lo puedes dividir si tienes que pagarle en tantos meses y de esa manera tenerlos focalizados: C3-PC).

Se percibe también una transversalidad en el trabajo de determinados contenidos y actividades desde las áreas instrumentales

[5] La codificación de los centros y del personal entrevistado la hemos realizado como sigue: C1 (Centro 1), C2 (Centro 2) y C3 (Centro 3). D (Dirección escolar), JE (Jefatura de Estudios), DO (Departamento de Orientación), PAR (Profesorado de Apoyo y Refuerzo), PPDC (Profesorado Programas de Diversificación Curricular), PPGS (Profesorado de los Programas de Garantía Social), PT (Profesorado que tutoriza al alumnado en riesgo de exclusión en la ESO), PEC (Profesorado, tutorización y/o dirección la de Educación Compensatoria), OT (Otros profesionales de asociaciones y programas vinculados con los centros), MM (Colectivo de Madres Mediadoras).

Semanalmente hacemos un crucigrama, eso nos sirve justamente para la mejora del léxico [...] no solamente es el léxico, sino que eso da pie cuando sale una palabra, pues en fin, a explicar lo que pueda significar, pues si sale un organismo internacional y sale la ONU, pues hablar lógicamente de la ONU: C3-PPDC).

Así, lo curricular se puede considerar como algo flexible en función de las necesidades del alumnado:

Así que si hay contenidos que vienen en el libro de texto, incluso a pesar que en un momento dado puedan venir en el curriculum, es decir, estipulado por la Administración, no me parece [...] porque se van a aburrir, a lo mejor no lo considero que sea tan importante como otras cosas, entonces sí me salgo un poquito de lo que se supone que tienes que hacer exactamente: C2-PT)

y donde también se realizan adaptaciones del material con el que se trabaja:

también tienen un material adaptado porque claro, es que tienen que trabajar con un material adaptado, pero claro, ese material adaptado necesita también a alguien que sepa y un poco los oriente, entonces, procuramos que haya alguien de apoyo con ellos. A veces depende también de las posibilidades que tenemos de personal: C2-D.

El alumnado está distribuido por grupos considerando el criterio de flexibilización para visualizar resultados más en el mediano y largo plazo, y con una *ratio* profesor-alumno menor al grupo-clase habitual (*El grupo de clase es totalmente heterogéneo, incluso ha habido algunos rifirrafes con alguna madre porque pretendían que su niño o que estos grupos se convirtiera en un...y no*: C1-JE). En cuanto a las metodologías de enseñanza, encontramos el uso de estrategias distintas, con diferentes oportunidades para participar en actividades de clase, con el desarrollo de ocupaciones diversas que puedan interesar e implicar al alumnado, propiciando un aprendizaje significativo. Así, por ejemplo, el "juego de rol" es una actividad que podemos señalar:

> ...les pedí que hicieran un cuento y que convirtieran a esa princesa en una heroína, así que cambiarán los papeles, porque los personajes femeninos en los cuentos no ha tenido ninguna importancia, ni trascendencia, totalmente plano, pasivo, y entonces hemos inventado unos cuentos, están ahí [...] y han salido unas historias maravillosas, y así ellos hacían el texto, yo les corregía el texto y luego ese texto corregido se ha ilustrado, y finalmente se ha puesto ahí, y digo "yo lo he corregido" y bueno yo lo corregí, y luego ellos lo vuelven a pasar a limpio y lo escriben como quieren, pero no tengo una metodología demasiado tradicional C2-PT).

La evaluación es flexible y está relacionada con dinámicas variadas en las que no sólo el examen tiene un peso para la calificación, sino que también cuentan las actividades diarias del aula, el grado de implicación del alumnado, el comportamiento, el cuaderno de clase, además de ofrecer distintas oportunidades al alumnado *"Para mí la libreta vale igual que un examen de una unidad didáctica, eso les ayuda mucho a esforzarse en la libreta, si la libreta le dices que vale un diez por ciento empiezan a fallar, entonces ellos saben perfectamente lo que es un diez por ciento y lo que no es un diez por ciento y lo que vale y no vale"* (C3-PEC).

La segunda dimensión clave considerada para el análisis es el *centro escolar y el profesorado* u otros agentes implicados en el desarrollo y la implementación de éstos. Por un lado, interesa conocer cómo se organiza el centro para poner en funcionamiento los programas y dar respuesta a las necesidades del alumnado en riesgo de exclusión. Aunque en los centros analizados se visibiliza la presencia cada vez más significativa de estos programas, sin embargo, en la coordinación de las diferentes estrategias y medidas se puede considerar que, en algunos casos, la tarea es compartida por la mayoría del centro educativo:

Cuanto más personal, cuanto mayor sea el compromiso de, por parte del claustro de profesores, las cosas funcionan bastante mejor […] en este caso ahí el compromiso es mayoritario, […] no te estoy diciendo del cien por cien pero la inmensa mayoría están comprometidos con la causa, algunos porque creen en lo que se hace y otros porque a lo mejor egoístamente, no porque lo crean pero sí saben que colaborando todo va en beneficio de toda la comunidad (C3-PEC).

Aunque también existe colaboración con los centros de Primaria:

Al principio de curso se hace, hablo primero de los Primeros y después de los Segundos. Para los Primeros primero pedimos del centro del pueblo desde el que acuden los niños de aquí de Primaria; se piden los informes y con esos informes y una valoración inicial que hacemos con unas pruebas escritas […] vemos el qué […] que me digan cómo va cada niño exactamente (C1-JE).

En otros casos es una tarea que está dirigida más bien al profesorado que imparte estos programas, de quienes depende el planteamiento didáctico, metodológico y de contenidos:

Mira, los materiales los preparamos nosotros por supuesto, si en algún momento necesitamos ayuda de orientación, la verdad que el orientador que hay es un encanto por lo tanto nos la presta, pero son preparados por cada uno de nosotros para nuestra área y es fundamentalmente pues trabajo con muchos cuadernillos de estos de refuerzo y cuadernillos de estos que mandan las editoriales y sobre todo pues eso, ciñéndome en la lectura y escritura que te he dicho antes, de ortografía, de comprensión, me baso prácticamente en eso (C3-PT).

Y al departamento de Orientación, que ejerce un papel de asesoramiento:

Diríamos que el departamento de orientación es un vínculo de unión, ¿no?, o un nexo muy importante, bueno, para realizar tipos de adaptaciones, de consulta o de asesoramiento que el profesorado del centro que está trabajando con colectivos, bueno, bien de PGS, de diversificación curricular o de compensatoria (C3-DO).

El profesorado se ubica como el elemento clave, aunque podemos comprobar vivencias y experiencias ambivalentes según el programa de atención a la diversidad que consideremos. En uno de los centros, los *programas de diversificación curricular* gozan de muy buena acogida, tantos por los planteamientos de adscripción del profesorado al programa como por las formas de trabajar y por los resultados conseguidos:

> Básicamente pues yo tenía reticencias, como es natural, de tener que encontrarme con niños con dificultades, no precisamente los buenos de las clases, pero cuál ha sido mi sorpresa de que ha sido, está siendo una experiencia buena…uhm…es, además, un grupo que curiosamente aún siendo de diversificación pues la mayoría de ellos no tienen problemas serios de aprendizaje ni mucho menos […] son bastante activos […] y estos niños, pues con todas sus limitaciones, pues es que te preguntan de todo…llega el día de la mujer, pues el tema de la desigualdad (C3-PPDC); y entonces creo que una de las cosas que funciona bien efectivamente en la ESO es los PDC, porque libera por una parte a los cursos de tener más alumnos y permite atenderlos a éstos mejor (C3-PPDC).

De forma global, existe una percepción positiva de algunas experiencias desarrolladas en atención a la diversidad, desde el momento en que pueden contribuir a una madurez personal del alumnado y contribuir a un cambio en sus expectativas de futuro:

> Pues una información de la que yo me sentí más que satisfecho porque esta chica tenía un hermano […] en cuarto de diversificación en el curso anterior, era un niño que no pensaba seguir estudiando, yo lo convencí, le insistí muchísimo en que debía de seguir estudiando, aunque fuera haciendo un ciclo formativo de grado medio, está haciendo un curso formativo de grado medio, va muy bien y cuál no fue mi sorpresa que su hermana me dijo

que iba a hacer un curso de grado superior y que incluso pensaba en la Universidad (C3-PPDC).

Sin embargo, también encontramos vivencias más desencantadoras respecto de las expectativas que, en otros casos, se pueden esperar del alumnado:

Pues a nivel académico espero poco, o sea sinceramente, aunque no dejo de intentarlo espero poco y la verdad es que pues, por ejemplo, una falta de ortografía del mismo alumno la comete desde el principio hasta el final, por muchas veces que se lo repitas —esto no es así, esto no es así— o sea que lo que es avanzar, avanzas poco ¿no?, pero después sí se van consiguiendo muchas cosas a nivel humano digamos, ¿no? Desde el principio que empiezas con ellos hasta ahora que ha pasado bastante tiempo sí vas viendo una evolución y ves que va madurando y que se plantean otras cosas o la dinámica de trabajo ya más o menos la han adquirido (C2-PEC).

Ante el imperativo social de luchar contra los procesos de exclusión escolar y social, la conformación de *redes sociales y comunitarias* es otro elemento clave a considerar. Destacamos varias iniciativas desarrolladas en este núcleo de análisis. Por un lado, la coordinación existente con otros centros educativos en los que el alumnado previamente ha estado escolarizado

como iniciativa o experimentación, en el primer trimestre de cada año, mandamos a los colegios de referencia las notas de sus alumnos anteriores, que estaban en sexto o en segundo de la ESO, para que puedan ver en tercero cómo han ido en el instituto; muchos colegios nos lo demandaron, porque han estado mucho tiempo con esos alumnos y están implicados con ellos; esas notas les sirven como referencia, además coincide que muchos alumnos tienen hermanos allí, ven mucho a sus antiguos maestros y están informados de su progreso (C2-DO).

Así como el seguimiento exhaustivo del absentismo escolar realizado en colaboración con otras instituciones locales y otros profesionales: *"Nosotros es lo que querríamos cambiar por-que tienen la mayoría...porque tienen que venir e incluso si no vienen tienen... porque aquí llevan mucho los seguimientos, las faltas, hay asistentes social, si no vienen van a casa y ya les... Temen que les avisen: "que su hijo no viene al centro", porque hay un se-guimiento bastante serio y vienen por eso, pero me acuerdo cuando este seguimiento no era así, faltaban bastante más, les daba igual"* (C1-PAR).

Por otro lado, la necesidad de luchar contra las desigualda-des también conlleva que existan proyectos conjuntos entre el centro y las asociaciones locales como medio para conformar alianzas y desarrollar actividades que fomenten la integración. De los centros analizados destacamos la importante labor desa-rrollada por la Asociación SOREMA:

> Nosotros lo que hacemos es una especie de lazo entre la familia, el centro educativo y los alumnos [...] Normalmente estamos trabajando maestras, psicólogas, psicopedagogas, son los profe-sionales de la línea [...] trabajadores sociales [...] Trabajamos en colaboración tanto en el colegio como en el instituto en la pobla-ción, en la que nosotros estamos especialmente dedicadas es a la población gitana [...] hacemos pequeños grupos y los distribui-mos, empezamos cuatro grupos con cuatro alumnos, cada una de las personas que cogía ese grupo era ya la referente de ese grupo ya para todo, ya no sólo a nivel académico [...] sino que éramos el referente para su casa, para la escuela (C3-OT)

y en otro centro por la Fundación Yehudi Menuhin:[6]

> Pertenecemos todos al Programa MUSE. Este programa lo lleva a cabo la Fundación Yehudi Menuhin, él ha sido uno de los gran-des maestros del violín y de la música clásica de todos los tiempos [...] el hecho de educarlos a través del arte, sociabilizarlos y darles valores a niños que por circunstancias familiares no los han tenido

---

[6] Se puede consultar su página *web* para un análisis más detallado de las acciones de la Fundación, así como del Programa MUSE, http://www.fundacionmenuhin.org/.

[...] Nuestro proyecto se enfoca en ese objetivo; en las prácticas que se llevan a cabo en los centros para atender educativamente a los chavales que están en riesgo de exclusión social (C1-OT).

También es imprescindible contar con la participación y el apoyo de la familia como elemento clave. Así, podemos ejemplificar la realización de distintos talleres y actividades extraescolares realizadas y dirigidas en los centros (*Centro de puertas abiertas*) y financiadas por la Administración: *"bueno, el curso pasado ya empezamos, la iniciativa de propuestas de mejora con unos padres de formar grupos en los pueblos, que depende del instituto y los gobierna el instituto, pero ahora mismo tenemos equipos de deporte, [...] de balonmano y balonvolea, y además tenemos talleres, [...] tenemos taller de inglés"* (C2-D).

Desde el ámbito familiar mencionamos la existencia de un grupo de madres mediadoras que ejercen de intermediarias entre la familia y el centro: *"Diario, venimos todos los días. A la hora del recreo para hablar con los profesores, cualquier problema con los niños, los partes que todos los días hay y hablamos con las familias"* (C2-MM). Este proyecto de mediación familiar surge ante la problemática de absentismo escolar de una parte importante de la población y se plantea como un proyecto de sensibilización entre el centro y la familia:

Pues echamos un proyecto, ¿no?, yo creo que fue así, se vieron los colegios en la problemática que había y echamos un proyecto de educación y vino aprobado para hacer la mediación familiar [...] Sí, sí porque se vio que había mucho absentismo aquí, que los niños aquí no llegaban, que llegaban en primero de la ESO y ya empezaban a faltar, que se iban [...] Y nos dijo el director que por qué no veníamos a echar una mano, que a ver qué pasaba, a ver si podíamos hacer algo (C2-MM).

Finalmente, también destacamos la necesidad manifestada por algunos miembros de la Comunidad Educativa de vincular la formación recibida en el centro con las necesidades y con la demanda laboral del contexto en el que están ubicados estos centros *"no sería mala idea plantear un* PGS *[...] el de las grasas y aceites, puesto que estamos en la cuna de la cultura del aceite de oliva, del olivo"* (C3-PEC).

A MODO DE CONCLUSIÓN

Este capítulo supone una aportación que fundamenta los complejos procesos de la exclusión escolar y social. Estos términos describen un conjunto de dinámicas, factores y dimensiones que, relacionadas entre sí, conculcan una serie de derechos básicos de la ciudadanía social, entre otros, el derecho a la educación. La exclusión educativa es el resultado final del denominado "fracaso escolar" que merma o anula, en un primer momento, las posibilidades formativas de las personas, pero que acentúa posteriormente otros procesos de la exclusión social mucho más amplios.

En la actualidad, el fracaso escolar constituye un elemento de preocupación evidente en el sistema educativo, aunque su análisis se realice considerando una perspectiva unidimensional —atendiendo fundamentalmente al rendimiento y a las calificaciones del alumnado— y obviando el amplio abanico de lógicas legislativas, pedagógicas y organizativas, así como el análisis de las trayectorias biográfico-educativas del alumnado, que "gobiernan" nuestros pensamientos y que finalmente terminan por configurar la exclusión, tal y como hemos analizado.

Para mejorar esta situación, las políticas educativas actuales siguen apostando por la implementación de distintas medidas de atención a la diversidad, al considerar que la equidad y la compensación educativa deben ser elementos prioritarios del sistema educativo con la finalidad de garantizar una formación básica del alumnado en la escolaridad obligatoria. No obstante, es imprescindible que esas medidas estén contextualizadas y se desarrollen desde modelos *ecológicos* y sistémicos que analicen y relacionen las necesidades con y en función de los contextos de ubicación de los centros.

La perspectiva descrita sobre las *buenas prácticas* docentes apuesta por visibilizar qué actuaciones docentes y de la comunidad educativa en general están siendo desarrolladas para afrontar la exclusión escolar, rechazando aquellos enfoques de acción que pretendan dar fórmulas transferibles a otros contextos. Las *buenas prácticas* se han de considerar como el desarrollo de dinámicas y actuaciones docentes que promuevan actuaciones inclusivas dentro de los contextos socio-comunitarios en los que se insertan.

Del análisis de las *buenas prácticas* destacamos la cultura colaborativa que se desarrolla desde los centros, donde el equipo directivo ejerce un liderazgo compartido que fomenta un compromiso para afrontar las situaciones de vulnerabilidad desde las medidas de atención a la diversidad existentes. También es significativo mencionar las redes colaborativas que se establecen con las asociaciones del entorno del centro escolar y que propician una visión integradora entre la escuela y el entorno social.

Referencias

Ainscow, M. (2008). Garantizar que cada alumno es importante: la mejora de la equidad dentro de los sistemas. En Gairín, J. y Antúnez, S. *Organizaciones educativas al servicio de la sociedad*. Madrid, España: Wolters Kluwer.

Alliance for Excellent Education (2002). *Every Child a Graduate. A Framework for an Excellent Education for all Middle and*

High School Graduate. http://www.all4ed.org/publication_ material/reports/every_child_graduate

Aparicio, R. y Tornos, A. (2004). *Buenas prácticas de integración de los inmigrantes*. Madrid: Universidad Pontificia de Comillas. http://ec.europa.eu/ewsi/UDRW/images/items/ docl_3722_20880226.pdf

Ballart, X. y Monterde, L. (2005). *Guía de buenas prácticas*, Consell Comarcal de l'Alt Empordá. UAB, IGOP. www.xavierballart.com/papers/011pap_mujer_buenaspracticas.pdf

Bauman, Z. (2005). *Vidas desperdiciadas: la modernidad y sus parias*. Barcelona: Paidós.

Beck, U. (2003). Categorías zombis: entrevista a Ulrich Beck. En Beck, U. y Beck-Gernsheim, E. *La individualización. El individualismo institucionalizado y sus consecuencias sociales y políticas*. Barcelona. Paidós.

Bolívar, A. (2002). *Cómo mejorar los centros educativos*. Madrid, España: Síntesis.

Bolívar, A. y Pereyra, M.A. (2006). El Proyecto DeSeCo sobre la definición y selección de competencias clave. Introducción a la edición española. En Rychen, D.S. y Salganik, L. H. (comp.). *Las competencias clave para el bienestar personal, social y económico*. Málaga, España: Aljibe.

Bolívar, A. y Gijón, J. (2008). Historias de vida que deshacen profecías de fracaso. En *Cuadernos de Pedagogía*, (382), 56-59.

Braslavsky, C., Abdoulaye, A. y Patiño, M.I. (2003). *Développement curriculaire et «bonne pratique» en éducation*. UNESCO, BIE-2. Serie de documentos http://www.ibe.unesco.org/ AIDS/doc/abdoulaye.pdf

Cabrera, P.J. (2003). *La importancia de las buenas prácticas en los proyectos sociales*. Madrid: Universidad Pontificia de Comillas. http://practicasinclusion.org/media/0302_Imp_bbpp_ proy_soc.pdf

Castel, R. (2004). Encuadre de la exclusión. En Karsz, S. *La exclusión social: bordeando sus fronteras. Definiciones y matices*. Barcelona: Gedisa.

Coffield, F. y Edward, Sh. (2009). Rolling out 'good', 'best' and 'excellent' practice. What next? Perfect Practice?. En *British Educational Research Journal*, 35(3), 371-390.

Dubet, J. (1996). L'exclusion scolaire: quelles solutions?. En S. Paugam (dir.). *L'exclusion, l'état des savoirs*. París, Francia: Éditions la Découverte. pp. 497-518.

Epper, R. (2004). La torre de marfil en la nueva economía. En Epper, R. y Bates, A. *Enseñar al profesorado cómo utilizar la tecnología. Buenas prácticas de instituciones líderes* (11-31). Barcelona, España: Editorial UOC.

Escudero, J.M. (2005a). Fracaso escolar, exclusión educativa: ¿de qué se excluye y cómo?. En *Revista de curriculum y formación del profesorado*, 9(1), 1-25. En http://www.ugr.es/~recfpro/rev91ART1.pdf

Escudero, J.M. (2008). *Análisis de buenas prácticas: hacia un marco de referencia compartido para la descripción y valoración de casos*. Documento interno. Murcia: Universidad de Murcia.

Escudero, J.M. (2009). Buenas prácticas y programas extraordinarios de atención al alumnado en riesgo de exclusión educativa. En *Revista de Curriculum y Formación del Profesorado*, 13(3), 107-141. En http://www.ugr.es/~recfpro/rev133ART4.pdf

Escudero, J.M. y Bolívar, A. (2008). Respuestas organizativas y pedagógicas ante el riesgo de exclusión educativa. En Gairín, J. y Antúnez, S. (eds.). *Organizaciones educativas al servicio de la sociedad*. Madrid, España: Wolters Kluwer.

Escudero, J.M. y Martínez, B. (2011). Educación inclusiva y cambio escolar. En *Revista Iberoamericana de Educación*, (55), 85-105. En http://www.rieoei.org/rie_revista.php?nu

mero=rie55a03&titulo=Educación%20inclusiva%20y%2 0cambio%20escolar

Escudero, J.M.; González, M.T. y Martínez, B. (2009). El fracaso escolar como exclusión educativa: comprensión, políticas y prácticas. En *Revista Iberoamericana de Educación*, (50), 41-64. En http://www.rieoei.org/rie50a02.pdf

Eurydice (2002). *Las competencias clave: un concepto en expansión dentro de la educación general obligatoria*. País, Eurydice: DGEC.

González, M.T. (2006). Absentismo y abandono escolar: una situación singular de exclusión educativa. En *Revista Electrónica Iberoamericana sobre Calidad, Eficacia Cambio en Educación*, 4(1), 1-15. En http://www.rinace.net/arts/vol-4num1/art1.pdf

González Ramírez, T. (2007). El concepto de buenas prácticas: origen y desarrollo. En *Revista Comunicación y Pedagogía*, (222), 32-35.

Jiménez, M.; Castillo, P.; Torres M. y Pereyra M.A. (2003). Belief in Equality: The Spanish Case. En *Research in Educational Sciences*, (16), 139-182.

_____ (2008). Aproximación teórica de la exclusión social: complejidad e imprecisión del término. Consecuencias para el ámbito educativo. En *Revista Estudios Pedagógicos*, XXXIV, (1), 173-186. http://www.scielo.cl/pdf/estped/v34n1/art10.pdf

_____, Luengo, J. y Taberner, J. (2009). Exclusión social y exclusión educativa como fracasos. Conceptos y líneas para su comprensión e investigación. En *Revista de Curriculum y Formación del Profesorado*, 13(3), 11-49. http://www.ugr.es/~recfpro/rev133ART1.pdf

Johnson, D. y Rudolph, A. (2001). *Beyond Social Promotion and Retention: Five Strategics to Help Students Suceed*. En http://www.ncrel.org/sdrs/areas/issues/students/atrisk/at800.htm

Karsz, S. (2004). La exclusión: concepto falso, problema verdadero. En Karsz, S. (coord.). *La exclusión: bordeando sus fronteras. Definiciones y matices*. Barcelona, España: Gedisa.

_____ (2005). ¿Por qué se habla tanto —y sin embargo tan poco— de exclusión?. En J. García (coord.). *Exclusión social/exclusión educativa. Lógicas contemporáneas*. Xátiva: Instituto Paulo Freire.

Lindblad, S. y Popkewitz, T.S. (1999) (eds.). *Public discourses on education governance and social integration and exclusion: Analyses of policy texts in European contexts*. Uppsala: University of Uppsala, núm. 36.

_____ (2001) (eds.). *Education governance and social integration and exclusion: Studies in the powers of reason and the reasons of power. A report from the EGSIE project*. Uppsala: University of Uppsala.

Lingard, B. y Mills, M. (2007). Pedagogies making a difference: issues of social justice and inclusion. En *International Journal of Inclusive Education*, 11(3), 233-244.

Littlewood, P.; Herkommer, S. y Koch, M. (2005). El discurso de la exclusión social: un análisis crítico sobre conceptos y modelos de interpretación. En J. Luengo (comp.). *Paradigmas de gobernación y de exclusión social en la educación*. Barcelona. Ediciones Pomares.

Ley Orgánica 2/2006. De 3 de mayo, de Educación. BOE 106, de 4 de mayo de 2006.

Luengo, J. (2005) (comp.). *Paradigmas de gobernación y de exclusión social en educación*. Barcelona-México: Pomares.

_____, Luzón, A. y Torres, M. (2008). Las reformas educativas basadas en el enfoque por competencias: Una visión comparada. En *Revista de Currículum y formación del profesorado*, 12(3). En http://www.ugr.es/~recfpro/

Luzón, A.; Porto, M.; Torres, M. y Ritacco, M. (2009). Buenas prácticas en los programas extraordinarios de atención a la diversidad en centros de Educación Secundaria. Una mirada desde la experiencia. En *Profesorado, Revista de Curriculum y Formación del Profesorado*, 13(3), 217-238. En http://www.ugr.es/~recfpro/rev133ART9.pdf

Marqués, P. (2005). *Buenas prácticas docentes*. Barcelona: Facultad de Educación, Universidad Autónoma de Barcelona http://peremarques.pangea.org/bpracti.htm

Martínez, B. (2008). Puentes entre el fracaso escolar y un nuevo escenario sociolaboral. En *Cuadernos de Pedagogía* (382), 67-69.

Martos, J.M. (2008). Medidas organizativas y pedagógicas para luchar contra el estigma de alumnos de los PGS. En J. Gairín y S. Antúnez (eds.). *Organizaciones educativas al servicio de la sociedad*. Madrid, España: Wolters Kluwer.

Munn, G. (2007). A sense of wonder: pedagogies to engage students who live in poverty. En *International Journal of Inclusive Education*, 11(3), 301-315.

Pablos, J. (2008). *Buenas prácticas docentes basadas en las TIC. Blogs del profesor*. Universidad de Sevilla. En http://juande-pablos.blogspot.com/2008/01/las-buenas-practicas-docentes-basadas-en.html

Popkewitz, Th. S. y Linbland, S. (2005). Gobernación educativa e inclusión y exclusión social: dificultades conceptuales y problemáticas en la política y en la investigación. En J. Luengo (comp.). *Paradigmas de gobernación y de exclusión social en educación*. Barcelona: Ediciones Pomares.

Sellman, E.; Bedward, J.; Cole, T. y Daniels, H. (2002). A sociocultural approach to exclusion. En *British Educational Research Journal*, 28(6), 889-900.

Sen, A. (2000a). La pobreza como privación de capacidades. En Sen, A. *Desarrollo y libertad*. Barcelona, España: Planeta.

———— (2000b). Social exclusion: concept, application and scrutiny. En *Social Development Paper*, núm. 1. Asian Development Bank. http://www.adb.org/Documents/Books/ Social_Exclusion/Social_exclusion.pdf

_____ (2008). *Exclusión e inclusión.* En Sen, A. y Kliksberg, B. *Primero la gente. Una mirada desde la ética del desarrollo a los principales problemas del mundo globalizado.* Barcelona, España: Ediciones Deusto.

Subirats, J. (2006). *Fragilidades vecinas: narraciones biográficas de exclusión social urbana.* Barcelona, España: Icaria.

Tezanos, J.F. (2001). *La sociedad dividida. Estructuras de clase y desigualdades en las sociedades tecnológicas.* Madrid, España: Biblioteca Nueva.

UNESCO, Associated Schools (2008). *First Collection of Good Practices for Quality Education.* UNESCO. En http://unesdoc. unesco.org/images/0016/001627/162766e.pdf

_____ (2009). *Second Collection of Good Practices. Education for Sustainable Development.* UNESCO. En http://unesdoc.unes-co.org/images/0018/001812/181270e.pdf

Whitty, G. (2001). *Teoría social y política educativa. Ensayos de sociología y política de la educación.* Barcelona, España: Ediciones Pomares.

Estudiantes universitarios que trabajan. El caso de la Universidad Autónoma de Tamaulipas[1]

Artemisa López León

INTRODUCCIÓN

Jóvenes, educación y empleo son temáticas que, durante décadas, han sido objeto de preocupación e interés para la sociedad mexicana, el Estado y los investigadores. Por sí mismas, han generado importantes debates cotidianos en el seno de las familias, políticas públicas sectoriales y líneas de investigación que buscan generar conocimiento y delinear acciones que contribuyan a la solución de sus problemáticas particulares.

La conjunción de las tres temáticas ha despertado un interés inusual en los últimos meses, sobre todo a partir de diversas declaraciones de autoridades universitarias y funcionarios de gobierno en torno a los "Ni-Nis", esto es, los jóvenes que, carentes de oportunidades reales de desarrollo, no estudian ni trabajan. Si bien sociedad y gobierno han volteado la mirada hacia este estrato poblacional que se ha mostrado de manera alarmante en la actualidad, desde antaño ha estado presente la otra cara de la triada. Es decir, los jóvenes que, para salir adelan-

[1] Este artículo forma parte de los resultados del proyecto de investigación "Inserción laboral, desempleo y protección social de los jóvenes en condiciones de exclusión", financiado por el Programa de Mejoramiento del Profesorado (PROMEP-SEP) y coordinado por la Dra. Silvia Vázquez González (UATSCDH-UAT).

te y abrirse paso hacia un futuro más prometedor, han decidido estudiar y trabajar.

En estos últimos se centra el capítulo, porque si bien no es un fenómeno nuevo, se requiere profundizar en su estudio. En el caso de México, aún son escasos los datos que permiten perfilar la realidad cotidiana de los jóvenes que estudian y trabajan. En vista de esto, y a manera de aportación rudimentaria al conocimiento del fenómeno, se realiza una caracterización de los estudiantes universitarios que trabajan, tomando como estudio de caso a los alumnos de la Universidad Autónoma de Tamaulipas (UAT).

En términos específicos, se aborda el perfil de los estudiantes, sus fuentes de ingreso y gastos escolares, su historial laboral, condiciones de trabajo, distribución del tiempo y las dificultades a las que se enfrentan al combinar estudio y trabajo. Para analizar esto, se toma como eje la "Encuesta sobre estudio y trabajo en los jóvenes de la UAT", aplicada durante 2011 en el Campus Victoria de dicha universidad.

Para exponer el argumento central del capítulo, se ha dividido este trabajo en cinco apartados. En el primero de ellos, se aborda la tríada jóvenes, educación y empleo, enfatizando la juventud como una etapa de transición entre la niñez y la adultez, en la que se presenta para los jóvenes, la disyuntiva de elegir entre escuela y empleo. En el segundo apartado se describe la metodología utilizada para analizar el trabajo estudiantil de los universitarios inscritos en el Campus Victoria de la UAT.

En el tercer apartado se realizará una caracterización del perfil del estudiantado del Campus, sus fuentes de ingreso y la distribución cotidiana de sus gastos universitarios. En el siguiente se aborda el historial laboral de los estudiantes y su empleo actual; finalmente, se analiza la manera en que los estudiantes distribuyen su tiempo y las dificultades que enfrentan para cumplir con sus roles de estudiantes y trabajadores.

JÓVENES, EDUCACIÓN Y EMPLEO: TRANSICIÓN Y DISYUNTIVA

Lo juvenil es un concepto relacional, históricamente construido, que depende de la disputa entre jóvenes y no jóvenes. Asimismo, la juventud es un concepto cambiante que se reconstruye permanentemente; se reproduce en lo cotidiano y lo imaginario; y se construye en relaciones de poder definidas por la alteridad, la dominación o la desigualdad (Lozano, 2003).

El concepto "juventud" emergió en el siglo XVIII, como una etapa que demarca la transición de la niñez a la adultez, destinada a la adquisición de saberes para la vida laboral. En la actualidad, el concepto de infancia abarca hasta los 18 años y la juventud comprende de los 18 a los 29 años. Asimismo, las características que definen la transición a la vida adulta incluyen independencia económica, autonomía personal y de recursos, y la constitución de un hogar propio (Jacinto, 2002).

En las décadas de los años sesenta y setenta del siglo pasado, con el periodo de modernización en muchos países latinoamericanos, los hombres jóvenes se insertaron en empleos abiertos por la industrialización, el sector educativo e instancias de capacitación. Las mujeres, durante esos años, se insertaron en las instancias de capacitación y sostuvieron, desde el ámbito doméstico, la inserción laboral de los varones. Fue hasta la década de los ochenta que las mujeres accedieron a otros empleos y con ello, empezaron a vivir una juventud diferente (Lozano, 2003, p. 12).

En este sentido, el constructo social "juventud" ha experimentado cambios importantes e inclusive variaciones sustanciales por género. Sin embargo, aún se puede considerar a la juventud como una etapa en la vida del ser humano que funge como marco de diferenciación entre los adultos y los niños. Esta etapa se caracteriza, en términos generales, por la transición de la dependencia de los padres hacia la autonomía; de la adquisición de saberes a la experimentación; se trata de una etapa compleja que implica constante aprendizaje, y la manera en que se transita por ella es fundamental para perfilar la futura vida adulta del individuo.

Durante la juventud, el individuo debe elegir el camino que tomará en aras de labrarse un buen futuro, que le permita llegar a la adultez con independencia y autonomía; por ello, en esta etapa se presenta uno de los dilemas fundamentales en la vida de todo ser humano: tomar la decisión de seguir estudiando o empezar a trabajar.

Una de las disyuntivas más importantes que los adolescentes deben enfrentar es continuar asistiendo a la escuela, con el fin de mejorar su educación o empezar a trabajar para mejorar su nivel de ingreso y el de su familia "(…) Idealmente, un joven adolescente debiera ir a la escuela y aprender las habilidades que utilizará posteriormente. Cualquier perturbación de dicha situación perjudicará ciertamente su futura trayectoria profesional y será sumamente difícil de revertir" (Alcázar, Rendón & Wachtenheim, 2001).

Esto es relevante hoy en día porque en América Latina, la juventud se ubica en un lugar particularmente crítico, debido a las consecuencias sociales y económicas de la globalización, la creciente polarización de los mercados de trabajo y el incremento de las desigualdades sociales (Jacinto, 2002). Asimismo, el contexto actual muestra un fuerte desequilibrio entre las tendencias de creación del empleo y el incremento de la población en edad de trabajar, la contracción del tamaño del Estado, la pérdida del poder adquisitivo de los salarios reales y el empobrecimiento de la población; todo ello ha dado por resultado la precocidad y prolongación del ciclo de vida laboral y la flexibilización del mercado de trabajo que ubica a los jóvenes en empleos precarios que no alcanzan a cubrir sus necesidades familiares (Horbath, 2004).

En México, la transición y consolidación de un modelo económico caracterizado por la acumulación de capital y la búsqueda de disminución de costos de producción —a través del abaratamiento de la fuerza de trabajo—, ha traído como consecuencia el deterioro laboral; la evidencia empírica muestra que la mano de obra juvenil ocupa los trabajos más precarios debido a la falta de oportunidades laborales, la baja calidad de los nuevos empleos, los bajos niveles de escolaridad, la inexperiencia laboral y el escaso poder de negociación de quienes se integran precozmente al mundo laboral (Mora & De Oliveira, 2011).

La difícil situación por la que atraviesan los países latinoamericanos, sumada a que los jóvenes buscan alcanzar el ideal de adultez (autonomía, independencia, construcción de un nuevo hogar), complejiza la disyuntiva de estudiar o trabajar. Sin embargo, no puede afirmarse que la juventud experimente los dilemas de la misma manera.

La heterogeneidad juvenil impide hablar de un solo camino, de una sola intensidad: a los jóvenes los atraviesa la diversidad y la desigualdad; según el contexto individual y familiar, la forma de acercarse al mercado, y el rezago y abandono escolar ocurrirán de distinta manera, la exclusión que pueda sufrir estará marcada por las estructuras de las cuales provienen (Navarrete, 2011).

La forma en que se entrelazan estudio, trabajo y juventud puede tener variaciones importantes y éstas se relacionan con el traslape de cuestiones estructurales, familiares y personales. Todo ello, en conjunto, es tomado en cuenta por los jóvenes cuando deciden en torno al estudio y el trabajo, ya sea para optar por una u otra actividad, por ambas o por ninguna.

La compleja problemática de los jóvenes que estudian y trabajan ha sido motivo de análisis durante las últimas décadas; sin embargo, aún son pocas las investigaciones sobre el tema (Guzmán, 1994, 2001; *cfr.* en González & Bañuelos, 2008) y éstas, generalmente, favorecen los acercamientos de tipo cuantitativo. Alcázar, Rendón y Wachtenheim (2001) comparan a los adolescentes que estudian y trabajan de las zonas rurales de América Latina y los contrastan con sus pares urbanos, tomando como eje la base de datos del Banco Interamericano de Desarrollo.

Para estimar la probabilidad de estudiar y trabajar, Cebrián, Moreno y Lázaro (2000) esbozan las características de los españoles que estudian y trabajan a partir una muestra poblacional. En Colombia también ha habido interés por este tipo de estudios, como es el caso de Caballero (2006), quien analiza *burnout*, *engagement* y rendimiento académico de estudiantes que trabajan, basándose en una muestra estudiantil del programa de psicología de una universidad en Barranquilla.

En Argentina se han desarrollado varias investigaciones sobre juventud, estudio y trabajo. Aisenson, *et al.* (2008) analizan el sentido del estudio y el trabajo para jóvenes de nivel medio superior a partir de una muestra estratificada de jóvenes de bachillerato, escuelas comerciales y técnicas; Fazio (2004) estudia la incidencia de horas laboradas en el rendimiento académico de los universitarios, basado en el Primer Censo de Estudiantes de Universidades Nacionales; asimismo, para el caso de Río de la Plata, Porto y Di Gresia (2004) estudiaron las determinantes del rendimiento de los estudiantes a partir de la aplicación de una encuesta.

En el caso específico de México, la temática se ha analizado con los enfoques cuantitativo y cualitativo. En el primer caso están investigaciones como la de Horbath (2004), quien examinó el primer empleo de los jóvenes, basado en la Encuesta Nacional de Empleo y la Encuesta Nacional de Educación, Capacitación y Empleo. Asimismo, Navarrete (2005) analiza la permanencia y deserción escolar de los jóvenes y las característisticas y condiciones en que trabajan, basandose en la Encuesta Nacional de la Juventud.

Con una metodología mixta, caracterizada por el uso de la encuesta, la entrevista, los registros escolares y las fuentes hemerográficas, González y Bañuelos (2008) estudian la relación entre trayectorias escolares y la inserción al mercado laboral de los estudiantes de la Escuela de Ciencias de la Comunicación de una universidad pública en el estado de Puebla.

Por su parte, Carlota Guzmán también ha analizado el trabajo estudiantil con ambas metodologías. Guzmán Gómez (2002) caracteriza a los estudiantes que trabajan basándose en la Encuesta Nacional de Empleo Urbano del INEGI y la Encuesta ANUIES, destacando las articulaciones entre el mercado de trabajo y el sistema educativo. En Guzmán (2004) encontramos un análisis y categorización del sentido del trabajo para los estudiantes universitarios a partir de la utilización de entrevistas a profundidad.

En este sentido vemos que la combinación de estudio y empleo es una realidad cotidiana para los jóvenes y, en el caso de México, la Encuesta Nacional de Juventud 2005 señala que uno de cada dos jóvenes de 12 a 29 años ha trabajado alguna vez, y en el 48.2 por ciento de los casos, la decisión de empezar a trabajar provino de la familia y sólo una cuarta parte (25.6 por ciento) empezó a laborar por decisión propia[2] (Véase gráfica 1).

Los jóvenes que estudian y trabajan tienen ante sí un gran reto que conlleva diversos desafíos, decisiones, problemas y exigencias relacionados con el contexto laboral y las condiciones propias del ámbito educativo. Algunos de estos jóvenes, para lograr la profesionalización y responder a un medio altamente competitivo, cumplen diversos roles, como ser padres o madres de familia, amas de casa, trabajadores y estudiantes (Caballero, 2006).

[2] Información obtenida de la página *web* del Instituto Mexicano de la Juventud: http://www.imjuventud.gob.mx, consultada el 12 de mayo de 2011.

Gráfica 1
¿QUIÉN DECIDE QUE LOS JÓVENES EMPIECEN A TRABAJAR?

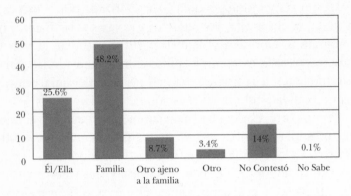

Fuente: Elaboración propia con base en el Cuadro 7 de la "Encuesta Nacional de Juventud 2005: Trabajo", disponible en la página *web* del Instituto Mexicano de la Juventud: http://www.imjuventud.gob.mx

En el caso de los jóvenes universitarios, esto es, quienes cursan alguna carrera en una institución de educación superior, es común tomar la decisión de estudiar y trabajar. Esta búsqueda de trabajo no sólo se relaciona con el deseo de adquirir nuevos aprendizajes, experiencia, independencia o gusto, también desempeña un papel muy relevante la instauración de políticas neoliberales. Estas políticas han traído aparejada una crisis económica también importante y la caída del poder adquisitivo, así como, han afectado el financiamiento de las instituciones de educación superior de carácter público. Ello ha provocado la necesidad de mayores ingresos en las familias y, como consecuencia, tienen que salir a trabajar miembros del núcleo familiar que antes no lo hacían (Guzmán, 2004).

Como se aprecia con este breve esbozo del entrecruzamiento entre juventud, trabajo y estudio en la época actual, la juventud es transición entre la niñez y la adultez, pero no es sólo una etapa de "paso". Durante dicha etapa, los jóvenes deben decidir con respecto a una disyuntiva crucial: estudiar o trabajar. Sin embargo, esa decisión nunca es uniforme entre los jóvenes ni es sencilla de tomar, puesto que en la elección se consideran aspectos estructurales, necesidades familiares y preferencias personales.

La disyuntiva que experimentan los jóvenes no necesariamente los conduce a la elección entre dos polos, se pueden dar combinaciones: algunos escogen estudiar o trabajar, otros deciden no hacer ni lo uno ni lo otro y, un porcentaje importante —al menos en el caso de México— se echa a cuestas la responsabilidad de sacar adelante los compromisos estudiantiles y los laborales.

En este último segmento se centrará el documento, tomando como estudio de caso a los jóvenes estudiantes del Campus Victoria de la Universidad Autónoma de Tamaulipas porque, por un lado, ejemplifican las dificultades, desafíos y compromisos que conlleva el desempeño de dos roles que, por sí mismos, requieren de organización, disciplina y esfuerzo. Por otro lado, indagar sobre el trabajo estudiantil en Tamaulipas es una manera de empezar a adentrarnos en el conocimiento de un estado cuya población se cataloga como joven.

METODOLOGÍA UTILIZADA

Para analizar las características de los jóvenes que estudian y trabajan, se utilizaron los resultados de la "Encuesta sobre estudio y trabajo en los jóvenes de la UAT", que forma parte del proyecto de investigación "Inserción laboral, desempleo y protección social de los jóvenes en condiciones de exclusión".[3] Dicha encuesta tuvo como objetivo conocer, de manera general, las características de los empleos de los estudiantes del Campus

---

[3] En este proyecto se ha tenido participación como colaboradora.

Victoria de la UAT, como una manera de conocer a la inserción laboral de quienes han decidido desempeñar dos roles que entrañan un esfuerzo importante y grandes retos.

La encuesta se aplicó de manera aleatoria a una muestra del estudiantado. De esta manera, fueron encuestados 375 alumnos que representan el 4 por ciento de la población inscrita en alguna de las 23 carreras ofertadas por la Universidad en dicho Campus, durante el periodo 2011-1 (enero-mayo de 2011). Para buscar la representatividad, los cuestionarios se distribuyeron de manera porporcional, de acuerdo a la población estudiantil. Así, por ejemplo, se aplicaron 54 cuestionarios a estudiantes de la licenciatura en Derecho, por ser la carrera con el mayor número de alumnos inscritos.

La información de los encuestados se recabó a través de un cuestionario anónimo que se aplicó entre el 28 de febrero y el 16 de marzo de 2011, una vez que la Universidad cerró oficialmente el llamado periodo de altas y bajas.

Asimismo, el instrumento constó de 29 reactivos, agrupados en cuatro secciones: datos generales, fuentes de ingreso y gasto, empleo y distribución del tiempo. En su mayoría, las preguntas del cuestionario fueron cerradas y de opción múltiple para facilitar el procesamiento de la información. Sin embargo, se recurrió a preguntas abiertas y de ponderación para obtener información particular como el lugar de origen, el horario de trabajo, la distribución semanal del tiempo o las razones para dejar de estudiar o laborar.

Para procesar la información se utilizó el *Statistical Package for the Social Sciences* (SPSS), por ser un paquete estadístico ampliamente reconocido por la comunidad académica que facilita el manejo y análisis de la información. Con dicho paquete se creó una matriz de datos y se realizó la categorización de las preguntas abiertas. A continuación, se analizan los principales resultados arrojados con la encuesta aplicada a estudiantes del Campus Victoria.

LOS ESTUDIANTES DE LA UAT: CARACTERÍSTICAS, FUENTES DE INGRESO Y DISTRIBUCIÓN DE LOS GASTOS

De acuerdo con los primeros datos del Censo Nacional de Población y Vivienda 2010, la población de Tamaulipas es relativamente joven, en tanto la mitad se ubica por debajo de los 28 años. Asimismo, el 65.3 por ciento de la población total se encuentra en edad laboral, esto es, tiene entre 15 y 64 años de edad (INEGI, Sin Ref.: 6 y 10). Estos datos son relevantes en la medida en que muestran a Tamaulipas como un estado relativamente joven y en edad de trabajar, lo que conlleva considerar que buena parte de su población intenta transitar hacia la adultez en las mejores condiciones posibles. Ahora bien, ¿qué ocurre con los estudiantes universitarios?, un grupo poblacional idealmente integrado por jóvenes en edad de trabajar, pero catalogados como económicamente inactivos.

En términos particulares, la Universidad Autónoma de Tamaulipas es una institución de educación superior fundada en 1950 cuya misión es la formación de profesionales "con capacidad para competir en la sociedad del conocimiento, con un amplio sentido de pertenencia, con alta responsabilidad social y ambiental, que contribuyan al desarrollo de Tamaulipas y de México a través de la generación, transmisión y aplicación del conocimiento".[4]

Desde sus inicios, la UAT se ha caracterizado por la descentralización de la oferta educativa en siete campus universitarios

[4] "UAT, Misión al 2014", documento consultado el 9 de junio de 2011, en la página *web*: http://portal.uat.edu.mx/contenido/portal2010/informacion/universidad/mision.asp

ubicados en las principales ciudades del norte, centro y sur del estado. Esta universidad se conforma, en la actualidad, por 35,500 estudiantes y oferta 51 carreras a nivel licenciatura, algunas de ellas comunes a dos o más campus.

Durante el periodo escolar 2011-1, el Campus Victoria estaba conformado por 9,250 estudiantes, distribuidos en cinco unidades académicas y dos facultades, que cursan alguna de las 23 carreras ofertadas.[5] Las carreras que mayor demanda tienen son la licenciatura en derecho, con 1340 alumnos inscritos en el periodo 2011-1 (enero-mayo), seguida de las licenciaturas en enfermería (922 alumnos) y contaduría pública (757 alumnos); las carreras con menor población estudiantil son las licenciaturas en historia, lingüística aplicada y sociología (46, 88 y 98 alumnos, respectivamente).[6]

Con base en los resultados de la encuesta aplicada a los estudiantes del Campus Victoria de la UAT, podemos decir que el estudiantado, en promedio, tiene 21 años de edad; el 98.1 por ciento entra en la categoría "joven" (18-29 años); entre los alumnos no hay diferencias sustanciales por género (50.4 por ciento son varones, 49.6 mujeres); en su gran mayoría (93 por ciento) son solteros y originarios de Tamaulipas (93.3 por ciento). Asimismo, sólo el 7.7 por ciento de los encuestados afirmó tener dependientes económicos; la mayoría de quienes tienen dependientes (alrededor del 60 por ciento), tiene uno que, por lo general, es un hijo.

En promedio, los alumnos emplean 416 pesos semanales para cubrir sus gastos, que se distribuyen en cuatro rubros: comida (160), transporte (130), copias y materiales (83) y otros (43). En este sentido, el gasto más fuerte de los jóvenes se

---

[5] Desde sus inicios, la UAT se ha caracterizado por la descentralización de su oferta educativa, en sus siete campus. Así tenemos que, de las 51 carreras que oferta a nivel superior (licenciaturas, ingenierías, ramas de la medicina, arquitectura, contaduría) algunas son comunes a todos los campus y otras son específicas.

[6] Información proporcionada por personal de la Dirección General de Servicios Escolares de la Universidad Autónoma de Tamaulipas. Enero de 2011.

relaciona con la alimentación, seguida del transporte. Esto es, no son gastos directamente relacionados a su formación académica como profesionistas, sino corresponden con la satisfacción de necesidades básicas.

Al indagar sobre las fuentes de ingreso, las principales son los padres (76.3 por ciento), el trabajo (24.7) y las becas (22) (véase gráfica 2). El 75.8 por ciento de los estudiantes cuentan con una fuente única de ingreso, el 21.2 por ciento tiene dos y el resto tres fuentes, y aquí hay que destacar que las principales combinaciones incluyen a los padres, el trabajo y las becas. A partir de lo anterior se puede inferir que, cuando las familias no tienen suficiente poder adquisitivo, la opción más viable para que los jóvenes continúen con sus estudios es conseguir un empleo, ya sea como fuente única de ingresos o complementaria.

Con lo anterior se deduce que los estudiantes del Campus Victoria de la UAT se caracterizan por ser principalmente mujeres y varones jóvenes, solteros, oriundos del estado donde se

Gráfica 2
FUENTES DE INGRESO PARA CUBRIR LOS ESTUDIOS
UNIVERSITARIOS

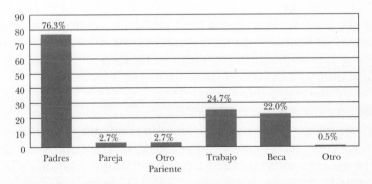

Fuente: Elaboración propia con datos de la "Encuesta sobre estudio y trabajo en los jóvenes de la UAT", derivada del proyecto de investigación "Inserción laboral, desempleo y protección social de los jóvenes en condiciones de exclusión".

ubica la universidad y en su mayoría no tienen dependientes económicos. El alumnado del campus, en promedio, invierte 400 pesos semanales para poder costear su asistencia a la universidad y su principal fuente de ingreso son sus padres, aunque si dicho ingreso es insuficiente, la obtención de un empleo es la primera opción viable que consideran los jóvenes para continuar con sus estudios profesionales.

Respecto a los estudiantes que trabajan, el 28.1 por ciento de los alumnos encuestados afirmó contar, en ese momento, con algún trabajo; de estos, el 97.7 por ciento entra en la categoría "joven", el 90 por ciento son solteros; el 60.2 por ciento son varones; en su gran mayoría (93.3 por ciento) son tamaulipecos —más del 75 por ciento originarios de Ciudad Victoria—; sólo el 18.6 por ciento de quienes trabajan tienen dependientes económicos —generalmente hijos—; la mitad tiene sólo un dependiente, el resto tiene dos o tres.

Estos datos indican que, contrario a lo que pudiera pensarse, el estudiantado trabajador no se integra, generalmente, por los casados, con dependientes económicos o foráneos; se trata de jóvenes solteros, sin dependientes y originarios de la ciudad donde se ubica el campus. El estrato de población que decide trabajar, en aparencia, no tiene una responsabilidad extraordinaria, pero su interés por la búsqueda de un empleo como una fuente de ingreso —principal o complementaria—, parece indicar que la necesidad económica está tocando a todas las familias, no sólo a las conformadas por padres jóvenes.

Al analizar la distribución de los estudiantes que trabajan, de acuerdo con la carrera cursada, el mayor índice se presenta en sociología (75 por ciento), lingüística aplicada (75 por ciento) y contaduría pública (50 por ciento). Las carreras donde menos encuestados laboran son la licenciatura en historia e ingeniería comercial (0 por ciento), seguidas de negocios internacionales y trabajo social, con un 11.1 y 11.5 por ciento, respectivamente (véase cuadro 1).

Cuadro 1
DISTRIBUCIÓN DE UNIVERSITARIOS QUE TRABAJAN,
DE ACUERDO CON LA CARRERA CURSADA

Carrera	Trabaja actualmente	
	Sí	No
Lic. en Psicología	19.4	80.6
Lic. en Trabajo Social	11.5	88.5
Lic. en Nutrición	36.4	63.6
Lic. en Sociología	75.0	25.0
LCE[7] con Opción en Químico-Biológicas	33.3	66.7
Lic. en lingüística aplicada	75.0	25.0
LCE con opción en ciencias sociales	42.9	57.1
LCE con opción en admón. y planeación educ.	22.2	77.8
Lic. en historia	–	100.0
LCE con opción en tecnología educativa	29.4	70.6
Médico veterinario zootecnista	40.0	60.0
Ing. en ciencias ambientales	20.0	80.0
Ing. agrónomo	20.0	80.0
Ing. en telemática	6.3	93.8
Lic. en enfermería	27.5	72.5
Contador público	50.0	50.0
Lic. en informática	25.0	75.0
Lic. en administración	34.8	65.2
Ing. comercial	–	100.0
Lic. en derecho	22.2	77.8
Lic. en ciencias de la comunicación	34.8	65.2
Lic. en negocios internacionales	11.1	88.9
Lic. en turismo	25.0	75.0

Fuente: Elaboración propia con datos de la "Encuesta sobre estudio y trabajo en los jóvenes de la UAT", derivada del proyecto de investigación "Inserción laboral, desempleo y protección social de los jóvenes en condiciones de exclusión".

[7] LCE: Licenciado en ciencias de la educación.

Al contrastar la demanda de las carreras con los datos obtenidos de la muestra aleatoria de estudiantes encuestados, no se aprecia una relación causal entre la demanda de las carreras y los estudiantes que trabajan. Carreras con poca demanda como sociología, lingüística e historia presentan polos opuestos, pues en las dos primeras hay un gran porcentaje de trabajo estudiantil, pero en la tercera ocurre lo contrario. Algo similar, pero a la inversa, se observa en carreras como derecho, pues si bien es la que mayor población estudiantil tiene en todo el campus, el porcentaje de estudiantes que trabaja es del 22.2 por ciento.

Al comparar los gastos universitarios semanales entre quienes trabajan y quienes no lo hacen, encontramos que los estudiantes que trabajan, en promedio, gastan un poco más y el incremento más significativo (30 por ciento mayor entre los que trabajan) se da en el rubro de la comida (véase gráfica 3). Esto puede deberse a que al desarrollar simultáneamente dos actividades que requieren del cumplimiento de un horario preestablecido, los estudiantes no tienen el tiempo suficiente para desplazarse a sus hogares a comer, por ello optan por alimentarse en lugares cercanos a su escuela o al trabajo.

Con lo anterior vemos que, en general, los estudiantes del Campus Victoria que trabajan son, en su gran mayoría, jóvenes solteros oriundos de la ciudad donde se ubica el campus; seis de cada 10 son varones; casi una quinta parte tiene dependientes económicos; asimismo, no puede establecerse una relación causal entre la demanda de la carrera y el número de estudiantes que trabajan, pues hay un alto porcentaje de estudiantes que laboran en carreras como contaduría pública, que es de las más demandadas, pero también en otras de escasa demanda como sociología y lingüística aplicada.

Finalmente, con estos datos se aprecia que, en promedio, los estudiantes que laboran tienen gastos mayores, en comparación con quienes no lo hacen, quizá porque el desarrollo de dos actividades con alto grado de responsabilidad implican una mayor inversión, no sólo de tiempo, sino de gastos. En el siguiente apartado, analizaremos el tipo de trabajo que desempeñan los estudiantes.

Gráfica 3
COMPARACIÓN DEL PROMEDIO DE GASTOS UNIVERSITARIOS
SEMANALES, SEGÚN CONDICIÓN DE TRABAJADORES

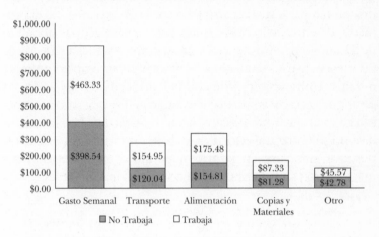

Fuente: Elaboración propia con datos de la "Encuesta sobre estudio y trabajo en los jóvenes de la UAT", derivada del proyecto de investigación "Inserción laboral, desempleo y protección social de los jóvenes en condiciones de exclusión".

¿EN QUÉ TRABAJAN LOS JÓVENES ESTUDIANTES DE LA UAT?

En este apartado se analizan las características de los empleos de jóvenes estudiantes de la UAT, para ello se consideraron aspectos como historial laboral, antigüedad, sueldo y prestaciones, con la idea de tener una idea más precisa de las condiciones de trabajo de los estudiantes. Como primer punto, es importante considerar que en el caso de los estudiantes del

Campus Victoria que trabajan, es posible identificar una ligera tendencia de contar con historial laboral al arribar a la universidad; esto es, si bien para el 52.9 por ciento de los encuestados su trabajo actual no es el primer empleo, sí lo es para el resto (49.1 por ciento).

De los estudiantes que declararon haber tenido empleos anteriores, más de la mitad tuvo dos o tres empleos antes de su trabajo actual (28.9 y 26.9 por ciento, respectivamente) y casi una quinta parte tuvo cuatro empleos (véase cuadro 2). El promedio de edad de los estudiantes que tienen historial laboral es de 21 años y han permanecido en su empleo actual alrededor de 22 meses. Estos estudiantes laboraron en su empleo anterior durante 16 meses, en promedio. Considerando esto podemos decir que los estudiantes que cuentan con historial laboral empezaron a trabajar antes de cumplir su mayoría de edad, lo que indica no sólo una trayectoria de trabajo estudiantil de, al menos, tres años, sino también nos hace notar que se trata de estudiantes que iniciaron su vida laboral como trabajadores infantiles.

Cuadro 2
NÚMERO DE EMPLEOS ANTERIORES DE LOS JÓVENES
UNIVERSITARIOS QUE TRABAJAN

No. de Empleos	Frecuencia	Porcentaje
Uno	1	1.9
Dos	15	28.9
Tres	14	26.9
Cuatro	10	19.2
Cinco	4	7.7
Seis o más	8	15.4
Total	*52*	*100.0*

Fuente: Elaboración propia con datos de la "Encuesta sobre estudio y trabajo en los jóvenes de la UAT", derivada del proyecto de investigación "Inserción laboral, desempleo y protección social de los jóvenes en condiciones de exclusión".

Al analizar su permanencia en los empleos, en el caso de los estudiantes que apenas empiezan su vida laboral, éstos, en promedio, también tienen 21 años de edad y han perdurado en su empleo actual por alrededor de 24 meses. Esto nos indica, por un lado, que iniciaron su vida laboral poco después de cumplir su mayoría de edad y, por otro lado, independientemente del número de empleos, los jóvenes universitarios que trabajan tienden a conservar sus empleos por largo tiempo. Con ello se infiere que se trata de jóvenes que tienen necesidad de trabajar y, considerando su historial laboral, podríamos afirmar que su empleo ha desempeñado un papel importante en la continuación de sus estudios universitarios.

Al indagar sobre el tipo de trabajo que realizan, 24.5 por ciento de los estudiantes que laboran lo hace en algún establecimiento comercial (papelería, tienda de abarrotes, papelería, farmacia, taquería, etcétera); el 20.6 por ciento de los estudiantes en alguna empresa (comercializadora, distribuidora, maquiladora, etcétera); 13.7 por ciento trabaja por su cuenta (negocio propio, impartición de clases, lavacoches, venta de comida, etcétera); 12.7 por ciento labora en algún sector gubernamental (salud, educación, medio ambiente, etcétera), 9.8 por ciento en algún despacho contable o jurídico; 17.6 por ciento clasificó su trabajo en el rubro "otro", e incluyen empleos como niñera, maestros de ballet, trabajos en discotecas o guarderías; el 1 por ciento restante no clasificó su trabajo.

Si bien es cierto que una amplia gama de empleos, por consecuencia, implica la realización de actividades muy diversas, en el caso de los universitarios que trabajan, se puede ubicar a una cuarta parte de ellos en trabajos que implican labores de archivo u oficina; el resto de los estudiantes realizan cotidianamente actividades relacionadas con la atención a clientes, la venta de diversos productos, la operación o reparación de artefactos o maquinaria, el cuidado de infantes y la enseñanza de idiomas, música o baile.

Al preguntarles sobre la relación de su empleo con la carrera que estudian, el 65.7 por ciento consideró que su empleo no se relaciona con su carrera, el 32.4 por ciento afirmó que sí tiene relación y el 2 por ciento restante no contestó. Esto es, se trata de empleos en que lo prioritario para elegirlos es la obtención de un ingreso, más que la inserción en un área donde se tenga la posibilidad de desempeñar actividades relacionadas con la carrera cursada.

Al analizar este dato por carreras, todos los jóvenes encuestados que estudian para ingeniero agrónomo e ingeniero en telemática han obtenido trabajos relacionados con su carrera, a ellos le siguen los estudiantes de contaduría pública (66.7 por ciento) y enfermería (60 por ciento). En cambio, los estudiantes de carreras como trabajo social, nutrición, sociología y negocios internacionales no han logrado obtener empleos relacionados con sus carreras (véase cuadro 3.), lo que indica que los estudiantes de carreras de las ciencias duras han tenido mayores posibilidades de colocarse en su área de especialización, en comparación con estudiantes de carreras con mayor enfoque social o humanitario.

Esto nos permite afirmar que, si bien en general son pocos los estudiantes que trabajan en actividades relacionadas con la profesión que estudian, sí hay una diferencia importante por carreras, en tanto tienen mejores perspectivas de colocación los estudiantes de alguna ingenierías o contaduría pública.

Al analizar las horas y días trabajados por semana, se aprecia que los estudiantes invierten una cantidad considerable de su tiempo en sus actividades laborales, pues el 60.4 por ciento trabaja cinco o seis días por semana y la jornada de trabajo del 52.5 por ciento va de las 20 a las 40 horas (véase cuadro 4). Esto es, más de la mitad de los jóvenes que trabajan y estudian lo hace en jornadas laborales que se pueden catalogar como "medio tiempo" (20 horas) o "tiempo completo" (40 horas).

Cuadro 3
RELACIÓN ENTRE EL TRABAJO DESEMPEÑADO
Y LA CARRERA CURSADA

Carrera	El trabajo se relaciona con la carrera que estudia porcentaje	
	Sí	No
Lic. en psicología	16.7	83.3
Lic. en trabajo social	–	100.0
Lic. en nutrición	–	100.0
Lic. en sociología	–	100.0
LCE[8] con opción en químico-biológicas	50.0	50.0
Lic. en lingüística aplicada	33.3	66.7
lce con opción en ciencias sociales	33.3	66.7
LCE con opción en admón. y planeación educ.	50.0	50.0
LCE con opción en tecnología educativa	25.0	75.0
MVZ	22.2	77.8
Ing. ciencias ambientales	–	100.0
Ing. agrónomo	100.0	–
Ing. en telemática	100.0	–
Lic. en enfermería	60.0	40.0
Contador público	66.7	33.3
Lic. en informática	25.0	75.0
Lic. en administración	37.5	62.5
Lic. en derecho	18.2	81.8
Lic. en ciencias de la comunicación	14.3	85.7
Lic. en negocios internacionales	–	100.0
Lic. en turismo	–	100.0

Fuente: Elaboración propia.

[8] LCE: Licenciado en ciencias de la educación.

Cuadro 4
DÍAS Y HORAS TRABAJADAS POR SEMANA

Horas	Días								Total
	No Contestó	Uno	Dos	Tres	Cuatro	Cinco	Seis	Siete	
1-5	–	–	1.0	1.0	–	3.9	2.9	1.0	9.8
6-10	–	1.0	2.9	–	–	2.9	1.0	–	7.8
11-15	–	–	3.9	–	–	1.0	1.0	–	5.9
16-20	–	–	3.9	1.0	2.0	2.9	–	–	9.8
21-30	–	1.0	5.9	1.0	4.9	4.9	11.8	–	29.4
31-40	1.0	–	–	1.0	1.0	5.9	12.7	2.0	23.5
Más de 40	–	–	1.0	1.0	–	1.0	7.8	2.9	13.7
Total	1.0	2.0	18.6	4.9	7.8	22.5	37.3	5.9	100.0

Fuente: Elaboración propia con datos de la "Encuesta sobre estudio y trabajo en los jóvenes de la UAT", derivada del proyecto de investigación "Inserción laboral, desempleo y protección social de los jóvenes en condiciones de exclusión".

Al analizar las condiciones de trabajo de los estudiantes, los resultados de la encuesta muestran que el 68.6 por ciento cuenta con un horario de trabajo fijo (el 31.4 por ciento restante, no). Este dato, sumado al análisis del tiempo que llevan trabajando en su empleo actual (dos años) y de los días y horas trabajadas (5 días, 20-40 horas semanales), permite inferir que buena parte de los estudiantes laboran en condiciones de trabajadores asalariados; sin embargo, pocos cuentan con contratos laborales que lo respalden. Es decir, sólo el 18.6 por ciento de los jóvenes firmó un contrato de trabajo definitivo, 25.5 por ciento cuenta con un contrato de medio tiempo, 27.5 por ciento tiene un contrato temporal y el 28.4 por ciento restante no firmó contrato.

En cuanto a la percepción salarial, el promedio de los universitarios que trabajan gana 2.01 salarios mínimos,[9] esto es, 798.91

[9] El cálculo se hizo tomando como base la pregunta "¿Cuánto percibes por semana?" y el salario mínimo diario para Ciudad Victoria (clasificada por el Servicio de

pesos. En la gráfica 4 se puede apreciar que la gran mayoría de los jóvenes percibe menos de tres salarios mínimos. Si analizamos este dato en relación con sus gastos universitarios (alrededor de 460 pesos por semana), se infiere que, en muchos casos, más de la mitad del dinero que perciben es utilizado para costear esos gastos.

Al observar la gráfica 4 también se aprecia una concentración importante al representar a los estudiantes que perciben entre uno y tres salarios mínimos, pues ahí está casi la totalidad de los estudiantes que trabajan. La percepción salarial de los jóvenes no es sorprendente si consideramos el tipo de empleos que desempeñan, pero sí subraya la precariedad de sus condiciones laborales, pues trabajan largas jornadas en empleos que les reportan una baja remuneración económica.

Gráfica 4
PERCEPCIÓN SEMANAL EN SALARIOS MÍNIMOS

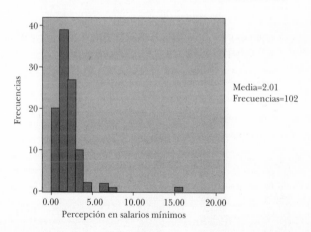

Fuente: Elaboración propia con datos de la "Encuesta sobre estudio y trabajo en los jóvenes de la UAT", derivada del proyecto de investigación "Inserción laboral, desempleo y protección social de los jóvenes en condiciones de exclusión".

Administración Tributaria como Zona C) es de $56.70. El procedimiento para realizar el cálculo consistió en dividir la percepción semanal declarada por el encuestado entre el salario mínimo semanal ($56.70 x 7.01 días).

Esto se vuelve más evidente al analizar las prestaciones con las que cuentan. El 40 por ciento de ellos no reciben ninguna, poco más de la mitad (53 por ciento) recibe entre una y tres; sólo un mínimo porcentaje (5.94 por ciento) cuenta con cuatro o más prestaciones. Esto es hasta cierto punto entendible si consideramos que la mayoría de los universitarios que trabajan no tienen ningún contrato o cuentan con alguno temporal.

Las tres prestaciones que más reciben los estudiantes son aguinaldo (46.2 por ciento), vacaciones (43.2 por ciento) y servicios médicos del IMSS o ISSSTE (26.6 por ciento) (véase gráfica 5), ya sea que como prestación única o en combinación con alguna otra. En el caso de la prestación denominada "vacaciones", con la encuesta no se captó si se trata de un derecho remunerado o sólo de la posibilidad de descansar durante unos días sin perder el empleo.

Gráfica 5
PRESTACIONES LABORALES QUE RECIBEN LOS JÓVENES
UNIVERSITARIOS QUE TRABAJAN

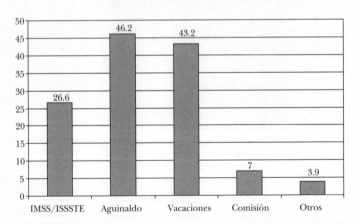

Fuente: Elaboración propia con datos de la "Encuesta sobre estudio y trabajo en los jóvenes de la UAT", derivada del proyecto de investigación "Inserción laboral, desempleo y protección social de los jóvenes en condiciones de exclusión".

Con todo lo anterior puede decirse que los estudiantes del Campus Victoria que trabajan, se caracterizan por ser trabajadores con horario fijo que han sabido conservar sus empleos durante un largo periodo. En la mayoría de los casos, los empleos de los estudiantes no se relacionan con la carrera que estudian.

Asimismo, sus trabajos son precarios en tanto por lo general trabajan jornadas de medio tiempo o tiempo completo, pero sus ingresos son muy bajos, no tienen el respaldo legal que trae consigo la firma de un contrato ni reciben las prestaciones sociales de ley. En este sentido, se trata de un grupo de trabajadores que laboran en condiciones desventajosas, aunque invierten una parte importante de su tiempo en esa actividad.

Distribución del tiempo, prioridades y dificultades para combinar estudio y trabajo

Trabajar y estudiar son dos responsabilidades importantes que requieren de una gran dosis de concentración, disciplina y tiempo. Cuando se realizan estas actividades a la par, el tiempo se vuelve un factor apremiante y la distribución del mismo resulta fundamental para llevar a buen término ambas actividades. Al preguntarles a los estudiantes que trabajan cómo distribuyen semanalmente su tiempo para cumplir con sus obligaciones escolares y laborales, los resultados de la encuesta muestran que su principal actividad es el estudio, seguida del trabajo y la familia. Las actividades a las que dedican menor tiempo durante la semana son los amigos o la pareja y la diversión (véase gráfica 6).

Estos datos pueden leerse en dos sentidos. Por un lado, se puede inferir que, en efecto, los estudiantes dedican la mayor cantidad de su tiempo al estudio, al considerar que esta activi-

Gráfica 6
DISTRIBUCIÓN DEL TIEMPO SEMANAL DE LOS JÓVENES
UNIVERSITARIOS QUE TRABAJAN

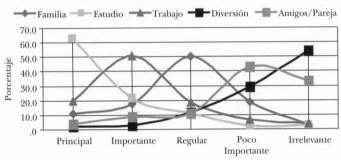

Fuente: Elaboración propia con datos de la "Encuesta sobre estudio y trabajo en los jóvenes de la UAT", derivada del proyecto de investigación "Inserción laboral, desempleo y protección social de los jóvenes en condiciones de exclusión".

dad requiere no sólo de su asistencia a clases, sino la realización de tareas y actividades extra-aula.

Por otro lado, la prioridad brindada al estudio también puede considerarse como expresión de las expectativas del estudiantado, esto es, en términos pragmáticos, la mayoría de los estudiantes que trabajan pasan de 20 a 40 horas semanales cumpliendo con sus obligaciones laborales y, por lo general, lo hacen durante cinco o seis días a la semana. A pesar de invertir un tiempo considerable en sus empleos, los estudiantes no suponen que sea la actividad a la que se dedican en mayor medida. A través de la encuesta, no se tienen elementos suficientes para afirmar que los estudiantes invierten, en términos reales, más horas al estudio que al trabajo, sin embargo, la respuesta de los encuestados a este cuestionamiento nos señala la relevancia de indagar al respecto.

Lo que sí reconocen los estudiantes universitarios que trabajan son las dificultades que experimentan para cumplir con ambas obligaciones. Esas dificultades se relacionan, precisamente, con la distribución de su tiempo. Al preguntarles sobre este punto, la mayoría (41.4 por ciento) contestó que algunas veces se les dificulta combinar estudio y trabajo, debido a que les falta tiempo para cumplir con la escuela o para compaginar sus horarios; el 30.3 por ciento contestó que no tiene dificultades porque han sabido organizar su tiempo o cuentan con un horario de trabajo adecuado; el 28.3 por ciento de los encuestados sí tiene dificultades, y esto se debe principalmente a que no tienen tiempo suficiente para cumplir con sus obligaciones escolares (véase cuadro 5).

Cuadro 5
DIFICULTADES PARA COMBINAR ESTUDIO Y TRABAJO

Razones	¿Has tenido dificultades para cumplir con la escuela y el trabajo, al mismo tiempo?			
	No	Algunas Veces	Sí	Total
No Contestó	7.1	–	–	7.1
Primero es el estudio	3.0	–	–	3.0
Organizo mi tiempo	8.1	–	–	8.1
Horario Laboral Adecuado	8.1	–	–	8.1
Horario Laboral Inadecuado	–	2.0	2.0	4.0
Me falta tiempo para cumplir con la escuela	–	23.2	13.1	36.4
No se acomodan los horarios de clases y trabajo	–	9.1	4.0	13.1
Mi situación económica	–	–	3.0	3.0
Otro	4.0	7.1	6.1	17.2
Total	30.3	41.4	28.3	100.0

Fuente: Elaboración propia con datos de la "Encuesta sobre estudio y trabajo en los jóvenes de la UAT", derivada del proyecto de investigación "Inserción laboral, desempleo y protección social de los jóvenes en condiciones de exclusión".

El estudio, como prioridad, y la falta de tiempo, como principal factor que obstaculiza la combinación de estudio y trabajo, se corrobora cuando indagamos sobre la posibilidad de que los universitarios que trabajan, dejaran la escuela. Al preguntarles a los encuestados si habían pensado en dejar de estudiar para dedicarse a trabajar, una abrumadora mayoría (83.8 por ciento) respondió que no, porque para ellos lo principal es concluir con su carrera, superarse o bien están conscientes de que sin una carrera universitaria no obtendrán en el futuro un buen trabajo.

Los pocos estudiantes que han pensado en dejar la universidad para dedicarse a trabajar (8.1 por ciento para la respuesta "algunas veces" y el mismo porcentaje para la afirmación "sí") argumentan cuestiones económicas como las principales razones para abandonar la escuela, en tanto el dinero con el que cuentan es insuficiente para cubrir sus necesidades (véase cuadro 6).

Con base en estas respuestas podemos inferir que el factor tiempo es fundamental para combinar exitosamente el rol de estudiante con el de trabajador, o para inclinar la balanza hacia alguno de estos roles. Aunque los jóvenes universitarios experimentan grandes dificultades para cumplir con ambas responsabilidades, son relativamente pocos los que han considerado la posibilidad de dejar inconclusa su carrera universitaria y, a través de las razones que exponen, se hace visible el anhelo profundo de superarse y cumplir el sueño de convertirse en profesionistas para, con ello, estar en mejores condiciones de arribar a la adultez con independencia económica, autonomía y recursos.

En estos momentos en que los encuestados cumplen con el rol de estudiantes y trabajadores, a través del instrumento aplicado se captó que la principal razón que los llevaría a truncar su anhelo es la experimentación de una fuerte necesidad económica; si se vieran en esa situación, es muy probable que la balanza se incline hacia el trabajo.

Cuadro 6
RAZONES PARA ABANDONAR O NO LA CARRERA UNIVERSITARIA

Razones	¿Ha pensado dejar de estudiar para dedicarse solamente a trabajar?			
	No	Algunas Veces	Sí	Total
No Contestó	18.2	–	–	18.2
Lo principal es concluir la carrera	39.4	2.0	–	41.4
Sin estudio no tendré un buen trabajo	7.1	–	–	7.1
No me alcanza el dinero	–	4.0	5.1	9.1
Es mucha presión estudiar y trabajar	–	1.0	1.0	2.0
Quiero superarme	13.1	–	–	13.1
Otro	6.1	1.0	2.0	9.1
Total	83.8	8.1	8.1	100.0

Fuente: Elaboración propia con datos de la "Encuesta sobre estudio y trabajo en los jóvenes de la UAT", derivada del proyecto de investigación "Inserción laboral, desempleo y protección social de los jóvenes en condiciones de exclusión".

A MANERA DE CONCLUSIÓN

A lo largo del capítulo se ha caracterizado a los jóvenes universitarios que estudian y trabajan a través del análisis de la situación vivida por los estudiantes-trabajadores del Campus Victoria de la UAT; tomando como base los resultados de una encuesta sobre estudio y trabajo. Este tema es relevante no sólo por la necesidad de profundizar en la problemática que entraña el análisis de la triada jóvenes, estudio y trabajo, sino porque en esta etapa que demarca el tránsito de la niñez a la adultez, la juventud experimenta un dilema de vida: estudiar para seguir superándose o trabajar para contribuir a la mejora económica de su familia. Dilema que, en el caso de quienes estudian y trabajan, lo han resuelto al asumir ambos roles.

Los jóvenes, al no ser un estrato poblacional homogéneo, han enfrentado este dilema de diversas maneras y la elección no necesariamente conduce a la inclinación por alguno de los polos. En México, los estudios sobre el tema han demostrado que hay un importante porcentaje de jóvenes que estudian y trabajan. Esta decisión conlleva asumir importantes retos y dificultades, puesto que desempeñan, simultáneamente, dos roles que requieren un alto grado de responsabilidad. Centrar la mirada en la conjugación de juventud, estudio y trabajo cobra particular importancia en estados como Tamaulipas, cuya población no sólo es considerada joven, sino en edad de laborar.

Al analizar la situación de los jóvenes del Campus Victoria se destaca que la población estudiantil se conforma por hombres y mujeres por igual; la mayoría son jóvenes, solteros, oriundos del estado y sin dependientes económicos. Como ocurre en otros lugares del país, estos universitarios costean sus gastos a través del apoyo de sus padres; sin embargo, cuando esto no es posible o es insuficiente, su primera opción es conseguir un empleo que les permita sostener su carrera.

Contrario a lo que pudiera pensarse en un primer momento, el estudiantado del Campus Victoria que trabaja, no está integrado principalmente por los casados o estudiantes foráneos, sino que por jóvenes solteros, varones y oriundos de Ciudad Victoria. Esto parece indicar que la decisión de trabajar responde a una necesidad económica que toca a todas las familias, no sólo a los nuevos núcleos o a los que, por vivir fuera de la ciudad donde estudian los hijos, deben invertir una parte considerable de sus ingresos para sostenerlos.

Al analizar la relación entre las carreras con mayor población estudiantil (derecho, enfermería y contaduría pública) y los estudiantes trabajadores, no es posible identificar una relación causal entre la demanda y la población trabajadora, quizá porque, como lo han señalado algunos autores, en la decisión de trabajar se traslapan cuestiones estructurales, familiares y personales.

Por otro lado, al comparar los gastos entre los que trabajan y los que no, llama la atención que el nivel de gastos es mayor entre quienes trabajan, sobre todo en el rubro de la comida. Esto puede deberse a que el desarrollo de dos roles simultáneos les impide desplazarse a sus hogares para alimentarse. Con ello se infiere que estudiar y trabajar puede contribuir a costear su carrera universitaria pero realizar ambas actividades también implica asumir algunos costos económicos.

En términos generales, los jóvenes estudiantes-trabajadores del Campus Victoria, ya sea que apenas inicien su vida laboral o hayan contado con empleos anteriores, se caracterizan por conservar sus empleos durante un periodo de tiempo de dos años. En este sentido, se puede inferir que su rol de trabajadores no responde a la experimentación de nuevas opciones, sino a una necesidad real de contar con otras fuentes de ingreso.

Estos jóvenes se desempeñan, por lo general, en empleos que implican el cumplimiento de un horario preestablecido que va de las 20 a las 40 horas semanales —repartidas en cinco o seis días— y, la gama de empleos es muy basta, aunque se destacan los trabajos de archivo u oficina, la realización de actividades relacionadas con la atención a clientes y con la reparación o manipulación de artefactos o maquinaria. Asimismo, siete de cada diez jóvenes tienen empleos que no se relacionan con la carrera que estudian lo que, de nuevo, destaca que la prioridad son los ingresos, más que la adquisición de saberes relativos a su futura profesión.

Las condiciones de trabajo de estos jóvenes muestran la precariedad de su situación, porque no sólo trabajan durante muchas horas, el ingreso que percibe la mayoría es de dos salarios mínimos y más de la mitad de ese ingreso, se utiliza para cubrir sus gastos como universitarios. Esta precariedad se percibe también en la forma de contratación, puesto que sólo dos de cada diez jóvenes tiene un contrato definitivo; el resto firma contratos temporales o ni siquiera cuenta con ese respaldo. De igual manera, sólo seis de cada diez jóvenes reciben prestaciones sociales que son generalmente aguinaldo, vacaciones y, en algunos casos, servicios médicos (IMSS o ISSSTE). Todo esto nos muestra las desventajosas condiciones en que laboran los jóvenes universitarios.

Trabajar y estudiar son responsabilidades que implican concentración, disciplina y tiempo. Este último se ha vuelto un factor crucial en la vida de los jóvenes del Campus Victoria, en tanto las principales dificultades que enfrentan para combinar estudio y empleo se relacionan con el tiempo con que cuentan para dedicarse a la escuela. A pesar de ello, ocho de cada diez estudiantes-trabajadores no dejarían de estudiar por dedicarse a trabajar; sólo lo harían si se presenta una intensificación de necesidades económicas.

La combinación de estudio y trabajo es una manera de resolver el dilema juvenil, en aras a labrarse un buen futuro. Desarrollar ambas actividades implica retos importantes y grandes dificultades, y estos temas deben continuar analizándose desde diversos ángulos y metodologías, pues la situación actual y el anhelo de llegar a la adultez con independencia económica y autonomía, ha llevado a los jóvenes a echarse a cuestas la responsabilidad de estudiar y trabajar para labrarse un mejor futuro.

REFERENCIAS

Aisenson, D.; Aisenson, G.; Legaspi, L.; Valenzuela, V.; Polastri, G. y Duro, L. (2008). El sentido del estudio y el trabajo para los jóvenes que finalizan la escuela de nivel medio.

Un análisis desde la perspectiva de la psicología de la orientación. En *Anuario de Investigaciones,* 15(1), 71-80.

Alcázar, L.; Rendón, S. y Wachtenheim, E. (2001). *Trabajando y estudiando en América Latina rural: decisiones críticas de la adolescencia. Documento de trabajo No. 3,* Perú: Ed. Instituto Apoyo. Recuperado de http://www.grade.org.pe/download/pubs/LA-TRABAJANDO%20Y%20ESTUDIANDO.pdf

Caballero, C. (2006). *Burnout, engagement* y rendimiento académico entre estudiantes universitarios que trabajan y aquellos que no trabajan. En *Psicogente,* 9(16), 11-27.

Cebrián, I.; Moreno, G. y Lázaro, N. (2000). *¿Trabajar o estudiar? El caso de los trabajadores españoles.* España: Ed. Instituto Valenciano de Investigaciones Económicas. Recuperado de http://www.ivie.es/downloads/docs/wpasec/wpasec-2000-14.pdf

González, A. y Bañuelos, D. (2008). Estudiantes y trabajo: incongruencias entre sus expectativas y el mundo real. En *Revista Latinoamericana de Estudios Educativos,* 38(3-4), 245-270.

Guzmán, C. (2002). Hacia el conocimiento del trabajo estudiantil en México. En *Revista de la Educación Superior* (122) Recuperado de http://www.anuies.mx/servicios/p_anuies/publicaciones/revsup/res122/art7.htmhttp://www.redalyc.uaemex.mx/

_____ (2004). Los estudiantes frente a su trabajo. Un análisis en torno a la construcción del sentido del trabajo. En *Revista Mexicana de Investigación Educativa,* 9(22), México: Ed. COMIE.

Horbath Corredor, J.E. (2004). Primer empleo de los jóvenes en México. En *Papeles de Población,* (42), 199-249.

Jacinto, C. (2002). Los jóvenes, la educación y el trabajo en América Latina. Nuevos temas, debates y dilemas. En Ibarrola, M. (coord.). *Desarrollo local y formación: hacia una mirada integral de la formación de los jóvenes para el trabajo*. Uruguay, Ed. Cinterfor-ILO/RELET/UIA-León/CINVESTAV. Recuperado de http://www.productividad.org.mx/pdf/los_jovenes_la_educacion_y_el_trabajo.pdf

Lozano Urbieta, M.I. (2003). Nociones de juventud. En *Última Década*, (18), pp. 11-19.

Navarrete, E.L. (2005). El trabajo juvenil: algo más que el trabajo en sí mismo. En *Espacio Abierto*, 14(1), 53-72.

_____ (2011). El trabajo y la escuela entre jóvenes mexicanos. Ponencia en extenso. *Memoria del VII Congreso Nacional de la Asociación Mexicana de Estudios del Trabajo*. AC, Mérida, Yucatán México: pp. 1-22

Mora, M. y De Oliveira, O. (2011). Los dilemas de la integración laboral juvenil en tiempos de crisis. En *Memoria del VII Congreso Nacional de la Asociación Mexicana de Estudios del Trabajo*. AC, Mérida, Yucatán, México: pp. 1-36.

Porto, A. y Di Gresia, L. (2004). Rendimiento de estudiantes universitarios y sus determinantes. En *Revista de Economía y Estadística*, 42(1), 93-113.

Acerca de los autores

Alejandro Francisco Román Macedo es licenciado y maestro en economía. Doctor en estudios de población por el Colegio de México. Profesor investigador en el área de posgrado de la Facultad de Trabajo Social y Desarrollo Humano de la Universidad Autónoma de Nuevo León. Sus áreas de estudio son migración, jóvenes y educación. Correo electrónico: afroman@colmex.mx

Artemisa López León es doctora en ciencias sociales en el área de estudios rurales por El Colegio de Michoacán. Actualmente se desempeña como profesora investigadora en la Unidad Académica de Trabajo Social y Ciencias para el Desarrollo Humano de la Universidad Autónoma de Tamaulipas. Sus áreas de estudio son movimientos y organizaciones sociales, capital social y cultura política. Pertenece al Sistema Nacional de Investigadores. Correo electrónico: artemisalopezl@gmail.com

Concepción Nieto Morales es doctora en sociología por la Universidad de Salamanca (España). Es funcionaria de la Comunidad Autónoma de Andalucía con desempeño profesional en Juzgados y Fiscalía y se desempeña como profesora asociada del Departamento de Trabajo Social y Servicios Sociales en la Universidad Pablo de Olavide (Sevilla. España). Sus áreas de estudio son familia, menores de protección y conflicto con la ley, educación, trabajo, personas mayores, drogas y violencia de género. Correo electrónico: concepcionm@upo.es

Emma Liliana Navarrete López es antropóloga por la UAM-Iztapalapa, maestra en demografía y doctora en ciencias sociales con especialidad en estudios de población por El Colegio de México. Profesora investigadora de El Colegio Mexiquense AC. Sus áreas de estudio son jóvenes, trabajo y educación. Pertenece al Sistema Nacional de Investigadores. Correo electrónico: enavarr@cmq.edu.mx

María del Castillo Gallardo Fernández es doctora en ciencias sociales e intervención por la Universidad Pablo de Olavide (UPO) de Sevilla. Actualmente es profesora titular de política social y de servicios sociales del Departamento de Trabajo Social y Servicios Sociales, responsable de Calidad de Master Oficial en Gerontología Social en la misma Universidad. Sus áreas de estudio son servicios sociales, familia y personas mayores. Correo electrónico: cgalfer@upo.es

Magdalena Jiménez Ramírez es doctora en educación por la Universidad de Granada. En la actualidad ejerce como profesora en el departamento de Pedagogía de la Facultad de Ciencias de la Educación de la Universidad de Granada. Las líneas de investigación son juventud y políticas educativas, gobierno de los sistemas educativos, así como exclusión-inclusión escolar y social. Correo electrónico: madji@ugr.es

Sagrario Garay Villegas es doctora en estudios de población por El Colegio de México. Actualmente se desempeña como profesora investigadora en el área de posgrado de la Facultad de Trabajo Social y Desarrollo Humano de la Universidad Autónoma de Nuevo León. Sus áreas de estudio son familia, trabajo y envejecimiento. Pertenece al Sistema Nacional de Investigadores. Correo electrónico: sgarayv@colmex.mx

Silvia Vázquez González es doctora en ciencias sociales e intervención por la Universidad Pablo de Olavide de Sevilla, España. Se desempeña como profesora investigadora de la Unidad Académica de Trabajo Social y Ciencias para el Desarrollo Humano de la Universidad Autónoma de Tamaulipas. Sus líneas de investigación son desarrollo social, vulnerabilidad e integración social. Correo electrónico: silviavazquezgonzalez@hotmail.com

Índice